我国商业人寿保险所得税法律制度研究

Research on China's Commercial Life Insurance Income Tax Legal System

宁 威 著

中国财经出版传媒集团

经济科学出版社

Economic Science Press

图书在版编目（CIP）数据

我国商业人寿保险所得税法律制度研究/宁威著
. –– 北京：经济科学出版社，2022.8
（中国式现代化道路财税金融研究系列丛书）
ISBN 978 – 7 – 5218 – 3983 – 8

Ⅰ.①我…　Ⅱ.①宁…　Ⅲ.①人寿保险 – 税法 – 研究
– 中国　Ⅳ.①D922. 229. 4

中国版本图书馆 CIP 数据核字（2022）第 159825 号

责任编辑：于　源　李　林
责任校对：隗立娜
责任印制：范　艳

我国商业人寿保险所得税法律制度研究
宁　威　著
经济科学出版社出版、发行　新华书店经销
社址：北京市海淀区阜成路甲 28 号　邮编：100142
总编部电话：010 – 88191217　发行部电话：010 – 88191522
网址：www. esp. com. cn
电子邮箱：esp@ esp. com. cn
天猫网店：经济科学出版社旗舰店
网址：http://jjkxcbs. tmall. com
北京密兴印刷有限公司印装
710 × 1000　16 开　11 印张　175000 字
2022 年 8 月第 1 版　2022 年 8 月第 1 次印刷
ISBN 978 – 7 – 5218 – 3983 – 8　定价：49.00 元
（图书出现印装问题，本社负责调换。电话：010 – 88191545）
（版权所有　侵权必究　打击盗版　举报热线：010 – 88191661
QQ：2242791300　营销中心电话：010 – 88191537
电子邮箱：dbts@ esp. com. cn）

前　言

　　我国的商业人寿保险自 1982 年恢复以来，保费收入从 1982 年的 159 万元增加到 2022 年的 24519 亿元，年均增长 18.29%。保费收入增长速度领先于 GDP 增长速度，寿险保费收入在 2021 年达到人身保险保费收入的 75.64%，占商业保险税收的绝大部分。

　　我国中央银行 1996 年至 2002 年连续 8 次降低存款利率，为适应新的利率情况，规避利率风险，1999 年我国人寿保险市场出现投资连结保险以来，在金融综合的趋势下，商业人寿保险产品从以前的死亡保险、生存保险、两全保险的传统寿险，发展成以分红保险、投资连结保险、万能寿险为代表的新型险种为主，这种情况一直延续至今。新型产品的推广，使得新型产品市场份额迅速扩大，其保费收入已大大超越传统寿险的保费收入，逐渐成为市场主流。新型寿险产品的开发技术已经脱离了传统寿险产品以"三差"定价的模式，将利差风险转移给保单持有人，盈利方式转变为收取中间业务费用，投资收益分成等形式。因此，更注重于投资收益回报、保单持有人现金价值的保值与增值。设计出的产品因经过多次精算贴现，也更加复杂。这类人寿保险产品构成、成本分摊、经营理念和运作原理等与之前的保障型和储蓄型人寿保险有着明显的区别。因此，看似同样的保费收入表现在所得税基上就会产生明显差别。

　　我国的社会保险制度正在向多支柱、多层次方向发展。在社会保障解决了基本生老病死的问题后，通过商业寿险能够使更多的人得到差异化的保障。针对我国的现状，商业人寿保险作为灵活、个性强的保障方式，为不同的家庭、职工和个人提供多维的保障方式。其达到的现实目的和社会保障一样，在补偿力度方面，甚至更加充分。以前，商业人寿保险一直作为社会保障的补充存在，但随着社会经济的发展，现代商业人寿保险已经不再是补充，进而发展到成为重要支柱，起到强大的支撑作用。商业保险在未来将逐步成为个人和家庭商业保障计划的主要承担者、企业发起的养老健康保障计划的重要提供者、社会保险市场化运作的积极参与者。基于以上论述，现代商业人寿保险不应简单的看成是以营利为目的的商业行为，在市场经济条件下，其具备的极强的社会性和保障性是其他商业行为无法比拟的。

但是对商业寿险所得税制度的研究却相对滞后，主要表现在以下几方面：第一，以往的研究局限于行业视角，仅限于关注税收优惠，而没有注重税收公平；只关注税收递延或税收减免，并不关注在公平的立场上对商业人寿保险的所得税进行分析。第二，在论述范围上较大，从包括财产险和人身险的整个保险范畴进行研究，而没有精确到人寿险，没有考虑到不同的险种由经营方式与利润来源的差异所产生的税制差异；又或者只粗谈单一某个大类险种，没有考虑到人寿保险内含诸多险种其实差异很大，对人寿保险的所得税制考虑得不够全面。第三，在税制公平方面，以往的研究仅关注了税制不公平所造成的不利影响会制约人寿保险的产品创新，但没有考虑到不公平的税制会使得资本在金融各行业中产生不合理流动，不利于资本市场的稳定。第四，税法学者对实质课税原则的研究为商业人寿保险所得税制的研究提供了非常好的理论基础，但之前的研究没有落实到人寿保险业上，对寿险的细节特别是各险种如何进行实质课税并未涉及。

所以，目前的商业寿险税制暴露了很多问题。这些问题包括：在寿险税收制度设计时并未考虑到寿险产品的差异性，以至于制度整体过于笼统，没有针对性；无法适应寿险产品特殊性的制度，产生了对寿险业的双重征税等问题。归根结底，是因为税制研究者对寿险行业特殊性和地位了解不够，而熟悉情况的寿险从业者又无法站在客观公平的角度上思考税制问题。

进而，在本书中笔者基于实质课税原则的需要，确定了研究思路为将寿险业的所得税分为企业所得税和个人所得税两根主线，根据利润来源，将人寿保险分为保障型人寿保险、储蓄型人寿保险和投资型人寿保险。纵横交叉后可以通过分析险种购买目的和利润来源，更清晰地发掘现有所得税制在面对寿险产品时所暴露出的问题，并为后续使用税法原则解决问题提供便利。

通过国际比较，发现美国所得税制的特点在于针对主体不同而做出不同的约定，包括公司主体性质的差异和被保险方的收入情况，对规模不同的保险公司采取有差异的税收优惠，以及对收入不同的被保险方采取有差异的所得税率，较客观地反映了不同收入群体的所得税负，也有助于调节社会公平。另外，针对扣除项，其规定比较详细，有针对性地对不同险种，按照其产品特点进行相应的扣除，符合税收公平原则，较充分地反映了各险种的运作特点，体现了实质课税原则。而英国的所得税制体现了英国人寿保险公司资本输出的特点，主要是对本国和海外分支机构所做的所得税制度约束。但由于英国市场上也存在许多填补市场空白的小型人寿保险公司，为了鼓励这些小型人寿保险公司的发展，施行了较低的所得税率。而针对被保险方，与美国模式大致相同，所不同的是针对高收入阶层采取更高的所得税率进行调整。在险种方面，只针对具有养老功能的年金产品有减税政策，从另一方面也可以反映出英国寿险市场相对成熟，年金产品具有的社会稳定器功能被政府所看重。日本的所得税制度针对日本商业人寿保险市场成熟、公司数量繁多、保险深度和密度都高的现状，日本的寿险所得税制较真实地反映了市场和文化氛围。因为市场竞争激烈，市场中存量险企的实力和技术雄厚，所以通过对保险公司征收较高的所得税和较苛刻的税前扣除，可以对进入市场的寿险公司质量起到促进作用；日本的储蓄习惯与中国相似，对被保险方的税收优惠恰好反映了这个文化，有利于被保险方通过商业人寿保险对自己的养老和家庭的储蓄提前作出安排，而明晰的所得税规定有助于社会公平。

在金融综合趋势下，人寿保险与银行、证券业务出现交叉现象。本书通过进一步划分人寿保险产品，通过保险与银行、保险与证券产品的对比，排除掉不同部分后，对相同部分进行比较。通过行业比较，发现在与金融业其他行业的对比中，扣除项的粗糙也进一步地体现了税制设计忽视纳税客体特殊性后所产生的问题；发现了总准备金采取从税后利润中提取、佣金手续费的计提比例过时等有违实质课税原则的现象对最终结果的影响程度，即：商业寿险税基过大导致丧失税收公平。进一步通过第六章演示分析将差距以量化的形式体现出来，发现随机选取40

岁的男性投保 10 年期的保额为单位 1 元的死亡保险，营业税竟然是应征的 50 倍，如果比照同资金量的银行业务，则是银行业务的 125 倍；而所得税也大于其他两个行业。

在税法精神的指引下，笔者提出寿险所得税制的改革原则，主要包括应有利于商业人寿保险完善经济保障职能、有利于商业人寿保险优化经济发展的职能、有利于发挥商业人寿保险辅助社会管理的职能的国民经济总体促进原则；商业人寿保险市场的总体促进原则；应与我国社会经济发展水平相适应的原则；应符合我国税收政策的原则与目标的原则；应兼顾保险监管制度的原则等。进而在此原则基础上提出了对生存收益征收所得税、死亡收益征收所得税，特别是对投资型险种开征所得税这三块应征未征的所得税；进一步明确投保人的税前扣除以及对某些险种的延迟纳税等建议。以使我国的税制在公平的基础上，对整个国民经济的推进，对金融市场的繁荣，人民收入分配均衡，以及对社会形势的稳定起到积极作用。本书通过两条研究思路、两个研究对象分别论述：

1. "两条研究思路"

第一条，从商业人寿保险的特殊性带来商业人寿保险税收制度的特殊性入手，分析特殊性带来的问题以及背后的深层次原因。

第二条，结合金融综合经营的背景，将寿险所得税[①]与银行、证券进行比较，将我国的寿险业所得税负与三个典型国家进行对比。

最终为完善我国商业人寿保险所得税制提供政策建议。

2. "两个研究对象"

第一，通过对比三类企业在同一部税法下经营同一笔资金的所得税税基，从而得到税负是否公平的结论，并为今后税制改革提供理论依据；

第二，通过对比在三类企业购买相应金融产品的投资者，在同样投资量或获得同样利润的情况下的所得税税基，结合第一条主线，以实质性课税为原则，提出今后税制改革的建议。

本书共有八章，可以分为三个部分。

第一部分为理论分析，包括第一章、第二章。第一章介绍本书的选

---

① 兼顾考虑营业税，因为部分险种所得税基需要事先扣除营业税。

题背景和意义、答题思路、概念界定等。第二章从我国商业人寿保险在市场经济中的特殊性和现行所得税制各种法律关系的特殊性两方面分析了我国商业人寿保险所得税的特殊性，指出我国商业人寿保险所得税制存在的问题及其深层次原因。

　　第二部分为比较分析，包括第三章、第四章、第五章和第六章。第三章通过与三个有代表性的国家进行国际比较，发现同是拥有保险业的国家他们是如何处理保险业特殊性与税法一般性之间关系的。从而找出解决方案。第四章通过与同为金融行业的银行、证券进行行业比较，分析统一的税收制度在三个行业的差距，从而找出相应的问题和原因。第五章专门阐述针对营改增对人寿保险所得税的影响，第六章通过建模进行推导，并引入中国寿业生命表测算出结果进行相关数据对比。

　　第三部分为政策建议和实施原则的探讨，包括第七章和第八章。通过前面六章的分析，第七章在税法基本理论指引下论证税收公平原则、应能课税原则和实质课税原则在寿险所得税法律制度中的适用度，从而给第八章的政策建议提供理论依据，为现行税收制度提供政策建议。

目　录

第一章

我国商业人寿保险
所得税制度的研究

第一节　我国商业人寿保险所得税
制度的研究背景及意义

一、研究背景

（一）人寿保险产品复杂性凸显

在金融综合的趋势下，商业人寿保险产品从以前的死亡保险、生存保险、两全保险的传统寿险，发展成以分红保险、投资连结保险、万能寿险、变额年金保险为代表的新型险种为主。[①] 新型产品的推广，使得新型产品市场份额迅速扩大，其保费收入已大大超越传统寿险的

---

① 在中国，通常将有固定保证利率，无其他额外的不确定收益的寿险产品称为传统寿险产品，1999 年以后的分红险、万能险和投连险等具有投资性质的寿险产品称为新型寿险产品。

保费收入。① 新型寿险产品的开发技术已经脱离了传统寿险产品以"三差"② 定价的模式，将利差风险转移给保单持有人，盈利方式转变为收取中间业务费用，投资收益分成等形式。因此更注重于投资收益回报、保单持有人现金价值的保值与增值。设计出的产品因经过多次精算贴现，也更加复杂。现有的所得税制度无法处理现代人寿保险产品复杂性带来的公平问题。

（二）商业人寿保险税收法律制度没有针对性

改革开放使我国经济与世界经济接轨，使我国也融入经济全球化中。我国商业人寿保险业在经历了多次"发展－整顿－再发展－再整顿"的循环后，终于进入了法治、规范的新阶段。③ 2015 年 4 月，随着《中华人民共和国保险法》（以下简称《保险法》）进一步修订，我国商业人寿保险法律体系的框架基本形成。这些法律法规对于确认和创建商业人寿保险关系，维护商业人寿保险当事人的合法权益，促进商业人寿保险业的健康发展，营造良好的商业人寿保险法律环境具有重要意义。

但是自《保险法》修订以来，我国的商业人寿保险所得税法律制度的改革却没有本质性的进展。至今对商业人寿保险的课税除个别扣除项的专门规定外，大多采用税法中对金融行业的通用业务规定，因此在税款征纳过程中难免会产生问题，例如纳税主体不明确，征税客体难以界定，纳税环节也不清晰等，导致商业人寿保险公司在销售商业人寿保

2

---

① 根据不同时期中国寿险产品的特点，可将中国寿险产品发展分为两个阶段：第一个阶段以传统寿险产品为主（1982～1999 年），这一阶段期间，中国寿险产品主要为定期寿险、两全保险、终身保险和年金保险。第二个阶段以新型寿险产品为主（1999 年至今）。促成这一转变的一个重要原因是当时居民储蓄存款利率大幅下调，传统寿险的预定利率使保险公司面临巨大的利率风险，同时国民投资理财的需求也日益强烈。为适应新形势，1999 年以后，各寿险公司相继推出了投资连结、分红和万能险等一系列寿险新型产品，这些产品在传统保险保障功能的基础上，突出了投资功能，不仅有效地防范了利差损风险，而且在一定程度上满足了社会多元化的保险需求，促进了寿险业务发展。从 2008 年开始新型寿险产品占中国寿险总保费收入的比例就已超过 85%，在中国新型寿险产品中，分红险为第一大新型寿险产品，占中国寿险总保费收入的 31%。万能险为发展最快的新型寿险产品，其所占寿险总保费收入的比例达到 20%；投连险的比重大约为 2.6%。

② 人寿保险产品的"三差"指：死差、费差和利差。

③ 龚智强. 开放条件下我国银行业经营机制转型与风险防范 [D]. 成都：西南财经大学，2007.

险产品时也无法将商业人寿保险收益所产生的所得税征缴问题进行阐述和说明。而且，在可以预期的将来随着商业人寿保险制度的快速发展，已存在或未来新生的商业人寿保险合同，其产生的税收法律关系必须有相关法律法规的约束，才能使国家的税收利益和纳税人的合法权益得到双方面的充分保障，才能为商业人寿保险制度实现其保障和资金运用的功能提供稳定、有序的法律平台。这就使得进一步完善商业人寿保险所得税法律法规成为我国税制建设面临的急需解决的问题。

对于我国而言，由于商业人寿保险的快速发展，与其紧密相关的所得税制度也应该随之配套发展和完善。目前，我国商业人寿保险税收制度中存在的重大问题之一仍然是双重征税。例如，从商业人寿保险合同成立与终止两个阶段来看，商业人寿保险合同成立时，寿险公司将所承担的一部分税收，以保险费的形式移转给了投保人，即实质是由投保人承担了一部分纳税义务，而保险合同终止时受益人有可能还需履行纳税义务，这就造成了对同一税源的两次征收。

此外，由于商业人寿保险天然具有避税的功能，使得一些大陆法国家对商业人寿保险产品税收监管相当困难。这是由于在商业人寿保险发达的国家都倾向于利用商业人寿保险进行避税，这是经济发展的规律和趋势，而商业人寿保险产品多变的天然属性也使其特别容易规避税收规定。[1] 随着我国商业人寿保险的发展，在可以预期的未来必然会出现利用商业人寿保险避税的现象，而目前的税收制度没有办法对利用商业人寿保险恶意避税的行为进行有效遏制。

二、研究意义

我国商业人寿保险已经发展成为社会保障体系的支柱之一，商业人寿保险税法的完善与否将在很大程度上影响商业人寿保险的发展状况，所以此研究在当前具有十分重要的现实意义。本书以商业人寿保险所得税为研究对象，以完善中国商业人寿保险所得税法律制度为研究方向。商业人寿保险所得税目前并非一个独立的税种，是就商业人寿保险财产上所产生的收益征缴的所得税，商业人寿保险所得税法规是商业人寿保

---

[1]　Wei NING. Research on Exemption from Income Tax of Auto TPL Compulsory Insurance. 2011 China International Conference on Insurance and Risk Management，P. 270.

险税收制度的重要组成部分。从内涵方面看，商业人寿保险所得税制度约束的是以保险人管理、处分或使用商业人寿保险财产而产生的收益为课税对象的所得税，它是处理由因商业人寿保险的所得税而产生的一系列问题所组成的。从外延方面看，商业人寿保险所得税问题应包括纳税主体的认定、纳税客体的确定，以及采取何种税率模式、税率标准、有无税收优惠等一般所得税制度中所涵盖的许多方面。商业人寿保险税收法律制度就是关于如何分配商业人寿保险财产所产生的收益的税收义务为核心内容，包括准确判断商业人寿保险纳税主体、避免重复征税、防范恶意避税、合理处理商业人寿保险正常运营中的税收问题为具体内容。

（一）理论意义

（1）有助于丰富和完善商业人寿保险所得税理论体系。近年来，学术界对社会保险税的研究成果已经达到了一定高度，但对商业人寿保险所得税法律制度却涉及不足。本书的研究则涉及金融学、税法学等多个领域，从制度化方面研究商业人寿保险所得课税问题，力图得出对理论研究具有拓展性意义的结论。这一交叉研究的结果将有助于商业寿险所得税前置基础理论的丰富与完善，具有一定的理论意义。

（2）有助于合理构建商业人寿保险所得税法律制度。保险理论界与实务部门一直沉浸于对商业人寿保险投资理财功能的发掘，仅涉足于商业人寿保险的税收优惠，尚未涉及对商业人寿保险所得课税问题的深度思考；财税研究者通常认为保险行业是个小行业，对其特殊性考虑不足，而忽略其社会管理职能，或者简单地将商业寿险归为商业行为进行所得税制设计。两者都有一定不足，笔者尝试以中立的态度和角度对商业人寿保险所得税的规则进行解析，分析商业人寿保险业务中的实质受益者和真实所得，从而确定纳税主体和征税客体的商业人寿保险所得税框架体系。

（3）有助于完善反避税规则。防止利用商业人寿保险进行恶意避税是商业人寿保险税收制度设计的核心问题之一。一方面，商业人寿保险业在我国正处于快速发展阶段，为了鼓励商业人寿保险的发展，不应对其过分限制，快速发展的商业人寿保险需要税收优惠政策的扶持。另一方面，商业人寿保险具有规避所得税的"先天血统"，[①] 需要严谨的税法制度对其行为进行约束。笔者通过对横向对比几个典型寿险发达国家的商业寿险税制，纵向对比金融行业内的银行、保险、证券业三个行业的所得税制，如果不注重行业的特殊性，那么避税将会在金融集团内部合理实现。税制不在于严苛与否，关键在于是否公平和有效，否则金融投资者和金融资本会在金融市场内从高税行业流向低税行业，一方面造成金融行业发展不平衡，另一方面造成国家税收的流失。因此，税法则应在规范金融市场的发展中担当重要责任。

（二）实践意义

（1）商业人寿保险是多层次社会保障制度中的重要组成部分，是社会保险的有利补充，在社会管理中起着"社会稳定器"的作用。合理的商业人寿保险所得税对社会公益事业和增加社会福利具有促进作用。商业人寿保险在公益事业方面分为雇员福利性质的商业人寿保险与公益性质的商业人寿保险两种形式。无论哪种形式在英美法国家税法一般均给予一定程度的税收优惠，合理的商业人寿保险所得税制度通过减税、免税等方式，促进了商业人寿保险公益功能的发展，增加了社会的共同福利，从而使商业人寿保险所得税彰显了促进社会公益事业的职能。

（2）在我国，随着市场经济的发展，商业人寿保险已经获得较大的发展，但商业人寿保险业仍存在巨大的发展空间，这主要由下列三个因素所决定。一是虽然我国商业保险资产仅占金融资产的不到7%，[②] 相比美国保险资产占金融资产1/3有很大的距离。中国居民个人财富一直处于增加态势，个人财富的增加势必会有财富保值增值的有效需求。二是当个人财产量达到一定程度时，对财产的需求倾向也会发生质的改变，即从消费性需求转向投资性需求。三是由于社会分工的日益细化，将财产转化成寿险产品，由寿险公司管理的情况必将越来越普遍。商业人寿保险业的发展必然带来相应的商业人寿保险所得的增长，从而带来

---

① 张天民. 失去衡平法的商业人寿保险——商业人寿保险观念的扩张与中国商业人寿保险法的机遇挑战 [M]. 北京：中信出版社，2004，P. 221.

② 《中国保险资产管理业发展报告（2022）》中截至2021年末，保险业总资产24.89万亿元；《2022年度中国银行业发展报告》显示截至2021年末银行业总资产为344.8万亿元。

所得税的增长，这使得制定合理的商业人寿保险所得税制，对完善整体所得税制、避免总体税收的流失、保护商业人寿保险当事人和关系人合法权益，具有重要的实际意义。

第二节　我国商业人寿保险所得税制度的研究综述

一、人寿保险险种分类的界定

（一）人寿保险分类的理论界定

我国学术界对人寿保险的分类较为统一，但根据研究角度又有差异。比较有代表性的学术观点认为人寿保险分为定期寿险、终身寿险、两全保险和年金保险。[①] 按照定价利率是否固定，分为传统型和新型人寿保险，传统型人寿保险有三个基本类别：定期寿险、终身寿险和生存寿险；人寿保险公司开发出的其他的一系列对付通货膨胀和更灵活满足顾客需求的产品都被归为新型人寿保险，如变额人寿保险、万能人寿保险、变额万能人寿保险、投资连结保险等。[②] 年金保险是生存保险的特殊形态，目的是保障晚年的经济收入，如果仅是保证收益的情况，可以把年金保险划入到养老保险。有的观点从寿险产品结构角度，将人寿保险分为保障型产品（包括普通寿险、意外险和健康险）、长期储蓄型产品（专指分红险）和投资型产品（包括万能险、投连险）。[③]

（二）人寿保险分类的法律界定

我国《保险法》将商业保险分为财产保险和人身保险两大类。财产保险所包括的诸多保险业务与人寿保险无关，故不在本书讨论范围；

---

① 王绪瑾. 保险学（第五版）[M]. 北京：高等教育出版社，2011：302.
② 陈朝先. 发展新型人寿保险产品应该注意的几个问题 [J]. 中国保险管理干部学院学报，2001（2）：5-7.
③ 廖新年. 寿险结构调整：问题、矛盾及监管建议 [J]. 上海保险，2010（8）：5-8.

人寿保险包含在人身保险之中，属于人身保险的一个分支，即人身保险业务包括人寿保险、健康保险、意外伤害保险等保险业务。① 瑞士将保险业务分为寿险和非寿险，寿险第一指令的全称为：欧盟理事会关于寿险业设立与营业法令协调的指令，该指令关于寿险业的经营范围包括：人寿保险、年金、附加险、终生健康保险等，其中，人寿保险包括生存保险、死亡保险、两全保险、还本保险、婚姻保险和生育保险。② 德国《保险合同法》第二章将保险分为损害保险、人寿保险、伤害保险三类。③ 其中，损害保险分为火灾保险、冰雹保险、动物保险、运输保险、责任保险、法律保护保险，类似于我国所说的财产保险。日本属于此种分类。日本将保险分为损害保险④和生命保险，生命保险则是从社会角度来认识保险事故所处的状态，如人的生存、伤残、死亡、健康状况。⑤

根据不同的经营范围、承保标的等角度，人寿保险的分类已经相对成熟，但这些分类并不是站在所得税制度的角度上考虑，即：并未按照险种利润来源和投保目的进行分类。这些分类方法对利润来源和投保目的解析不明，不适合所得税的研究。因此，在本书中笔者基于实质课税原则的需要，根据利润来源，将人寿保险分为保障型人寿保险、储蓄型人寿保险和投资型人寿保险。进行以上分类后可以通过分析险种购买目的和利润来源，更清晰地发掘现有所得税制在面对寿险产品时所暴露出的问题，并为后续使用税法原则解决问题提供便利。

二、关于商业保险所得税制度的研究

因为商业人寿保险研究领域的特殊性，商业人寿保险的所得税制研究以保险学者居多，主要集中于以下两种观点。

---

① 参见《中华人民共和国保险法》第95条。

② 宋明哲. 保险学——纯粹风险与保险 [M]. 台北：五南图书公司，1994：31.

③ 陈彤. 德国保险合同法中透明度相关制度研究 [D]. 长春：吉林大学，2011.

④ 损害保险是从法律角度对保险事故所造成的结果进行性质上的认定。

⑤ 单月华. 日本人寿保险的发展演进及对我国寿险发展的启示——兼议我国转型期人寿保险的发展 [D]. 成都：西南财经大学，2009.

（一）税收优惠说

税收优惠说主要从以下几个角度进行了分析。从保险与税的关系角度，以实证分析的形式发现了税对保险需求的影响，得出了在保证税源的前提下，尽可能地给保险企业提供更多的税收优惠政策，形式上在保险方面的税收数量减少了，但相应的国家财政支出减少了，最终国家财政总收入不但没有减少，反而还会增加，进而得出了健全完善的保险税制对保险需求的扩大，保险业的发展起到促进作用的结论。① 有的学者从精算与保险财务的角度，采用比较分析的方法，对我国保险业税收政策进行了分析，发现现行保险税制存在税基不合理、税率偏高的一个不完善的结论。② 有的学者通过从保险人、投保人、代理人三个方面比较国际和我国保险税收制度，得出中国的保险人从事保险业务的税负在国际保险业中负担过重的观点；投保人在购买养老保险等有利于社会稳定的险种时税前扣除额太少，不利于拓展保险需求；对保险代理人既征收营业税又征收所得税，过重的税负影响了代理人展业的积极性。③ 从免税或延迟纳税等税收优惠与税收总量、员工福利的角度，得出了在企业年金制度中，如果政府给予企业和企业员工免税或延税待遇，不仅税收总量不会受损失，因为只是推迟了缴纳税金的时间，最终税收总量还会增加。另外，税收总量增加其实质上是企业员工缴纳了更多的个人所得税，这部分的增额就是延迟纳税导致增加员工的个人账户积累额产生的。并且从金融的观点，将延迟缴纳的税收类似地看作是政府给予企业员工的优惠贷款，最终员工获得多出的投资收益部分，政府获得贷款利息，④ 达到双方的共赢。

（二）税收公平说

针对保险的税收公平说包含了以下几种观点。有的学者从保险税制在整个税制的定位角度介入分析，并在分析美国州保险企业税收制度的

---

① 王颖. 论保险税收政策与家庭财务筹划 [J]. 成人高教学刊, 2002（06）.
② 郭建英. 我国保险企业的税收项目 [J]. 合作经济与科技, 2005（09）.
③ 钱晓璐. 试论中国保险业的税收问题及改革对策 [J]. 金融纵横, 2005（10）.
④ 熊福生. 企业年金税收优惠政策的"一石三鸟"效应分析 [J]. 北大赛瑟论坛, 2008.

基础上，认为在保险发展以及国民经济的发展过程中，虽然随着市场经济的高度发展和成熟，保险业和其他金融行业，甚至非金融行业的特征界限会从明显渐渐地走向模糊甚至消失，必然会产生差异性减少而相似相容性增强的阶段。但是，在目前市场经济发展的初期，差异性因素在不同的行业之间仍然占据主导地位，所以，保险税制的设计必须以体现保险业基本特征为原点展开，设计的税收制度必须符合该国保险业的发展阶段和整体发展策略，反观我国的保险税制其实是采取了"一刀切"的做法，造成了税制与保险经济之间的冲突。①

通过对保险税制优化评价标准的分析，站在差异程度有利于公平的角度，有观点认为我国税法对保险业的税收优惠规定相对笼统、模糊，主要表现在税收优惠规定对企业保费、个人保费支出规定得不够全面，以及对于保险业的税收政策与金融其他行业区分度不够。②

有的观点从保险产品创新与现行保险税制的关系角度，认为保险企业的税负不公平，不明确的税收法律法规，造成了保险企业对产品创新的积极性不高，阻碍了保险产品的推陈出新的进程。③

局限于行业视角，以往的研究限于关注税收优惠，而没有注重税收公平，只对税收递延或税收减免进行论述，并未站在公平的立场上对商业人寿保险的所得税进行分析，对该征未征的部分不做讨论。在论述范围上或者较大，从包括财产险和人身险的整个保险范畴进行研究，而没有精确到人寿险，没有考虑到不同的险种由经营方式与利润来源的差异所产生的税制差异；又或者只谈单一某个险种，没有考虑到人寿保险内含诸多险种其实差异很大，对人寿保险的所得税制考虑得不够全面。在税制公平方面，以往的研究仅关注了税制不公平所造成的不利影响会制约人寿保险的产品创新，但没有考虑到不公平的税制会使得资本在金融各行业中产生不合理流动，不利于资本市场的稳定。

①　吴金光，赵正堂.美国州保险企业税收制度及其启示［J］.财贸研究，2003（04）.

②　胡炳志，黄斌.论中国保险业税收政策的沿革与优化［J］.广西财政高等专科学校学报，2005（06）.

③　邓于楠.论我国保险税制对保险产品创新的影响和作用［D］.成都：西南财经大学，2006.

三、关于实质课税原则的研究

实质课税原则源自税收负担公平原则。实质课税原则是指在表现事实与法律事实不同时，应采用法律事实进行税法的解释和适用。[1] 从税法解释角度，有观点认为实质课税原则在税法解释适应时不应被法律外在形式所限制，而应该斟酌其经济过程、探究其实质的经济意义。[2] 具体到经济目的和经济生活，实质课税原则对于某种情况不应该仅根据其外观和形式确定是否应予课税，应该根据其经济目的和经济生活的实质，判断是否符合课税要素，以求公平、合理和有效地课税。[3] 以上观点虽然对于实质课税原则的概念表述不同，但对实质的界定都包含税法解释和适用应针对经济实质而非表现形式，税法解释的根本应该指的是纳税能力的经济事实，只要经济行为满足税法构成要件即构成税收债务。[4]

对实质课税原则理解分为法律实质主义和经济实质主义两种观点。前者是以交易实质内容对应的法律关系作为判定课税要件的依据，即在确认课税要素时发生事实关系和法律关系不吻合的情况下，应该在现有法律框架下根据经济行为的目的等多方面判断它的真实性质。经济实质主义认为税收制度设计在重视形式公平的同时更要重视实质公平。即便法律形式相同，经济行为的实际性质有差异时，仍应该有不同的法律解释。实质课税原则就是强调经济行为的实际性质的原则，该原则为税法研究者透过现象看本质，不局限于法律条文提供了理论依据。

税法学者对实质课税原则的研究为具体行业和具体经济行为的税制研究提供了研究思路，为商业人寿保险所得税制的研究提供了非常好的理论基础，其对实质课税的必要性、针对性和适用性进行了论述，但之前的研究没有落实到人寿保险业上，对寿险的细节特别是各险种如何进行实质课税并未涉及。

---

① 金子宏. 日本税法原理 [M]. 刘多田译. 北京：中国财政经济出版社，1989.
② 葛克昌. 行政程序与纳税人基本权 [M]. 北京：北京大学出版社，2005.
③ 张守文. 税法原理（二版）[M]. 北京：北京大学出版社，2001.
④ 刘剑文，熊伟. 税法基础理论 [M]. 北京：北京大学出版社，2004.

第三节　我国商业人寿保险所得税制度的研究框架与方法

一、分析框架

本书共分八个章节，第一章介绍本书的大体思路；第二章为我国商业人寿保险的特殊性并分析我国商业人寿保险所得税制度的问题及其原因；第三章通过与三个有代表性的国家进行国际比较，发现同是拥有保险业的国家他们是如何处理保险业特殊性与税法一般性之间的关系的，找出差距和原因；第四章通过与银行业、证券业进行横向比较，分析税收制度在几个行业的差距，从而找出同一套所得税制下产生的差异化问题；第五章专门阐述"营改增"对人寿保险所得税的影响；第六章将寿险产品分为三类分别测算、比较所得税；第七章将税法原则运用于商业人寿保险，在人寿保险税制中贯彻税法精神；第八章为政策建议部分，通过前面七章的分析运用，并进行检验，为现行税收制度提供政策建议。

针对我国所得税制比较的细节方面，研究思路如图 1.1 所示。

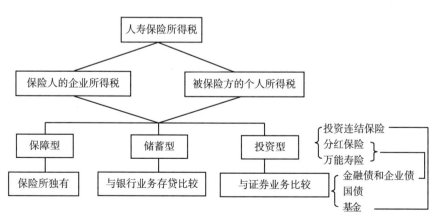

图 1.1　人寿保险所得税比较研究框架

通过保险企业所得税和作为个人或投保单位（统称为被保险方）的个人所得税两条主线将人寿保险按照投保目的和利润来源分为保障型、储蓄型和投资型三个险种展开研究。鉴于除保障型寿险产品为寿险独有外，储蓄型产品与银行存贷业务相似，而投资型产品与证券业务相似（投资连结保险与基金类似，分红、万能保险与债券相似）的本源，分别与银行、证券的所得税制度进行比较，从而发掘同一套税制下隐藏的税制不公平问题。

二、研究方法

本书采用的研究方法为比较研究法和寿险精算法。比较研究法主要通过横向对比我国与国际上三个代表性国家的商业人寿所得税制，以及对比我国商业银行、证券和商业人寿保险的所得税实际税基和税负水平，通过税法基本理论得到适合我国的商业人寿保险所得税制的改进方法。选取美、英、日三个保险发达国家进行对比研究的原因在于人寿保险在这三个国家发展得较为成熟，表现在寿险在经济中的地位较高和针对寿险的所得税制较为稳定两个方面，通过比较三个国家的寿险所得税制，分析其中的差异和原因，从而为我国寿险税制改革提供思路。保险、银行和证券同属金融业，业务有一定的类似性，储蓄型险种类似于银行储蓄业务，投资型险种类似于证券、基金业务，运用寿险精算法，对各险种的成本进行分析得出所得税基，通过三个行业在企业所得税与个人所得税两方面的比较，展现同一套税制在不同行业的差距，从而为寿险税制在既有框架下进行修正提供依据。对分险种测算时采用的数据是最新的《中国寿险业经验生命表（2010~2013）》中的数据。

三、创新之处

（一）跨学科研究商业人寿保险课税的理论问题

商业人寿保险课税实践中出现的问题，并非仅仅是税收制度或保险经营两个割裂的问题。因此，商业人寿保险课税理论研究的立场与分析方法的设计，必须以现实问题为导向。财税法作为一个现代性部门法，具有综合性和复杂性，单纯研究某一制度内部的任何一个问题难免有失偏颇。本书以解决商业人寿保险课税问题为要旨，尝试综合运用税法学、保险学和精算学等基础知识，从制度化的高度全面研究商业人寿保险课税问题，力求全面构建商业人寿保险税的理论体系、高度提炼商业人寿保险税的制度理念，以期得出对理论研究具有拓展性意义的结论。

（二）将我国商业人寿保险税收制度置于有效性理论和税法框架下进行评价

评测构建的商业人寿保险税收制度是否吻合宏观法律环境和经济环境。在涉及商业人寿保险税制的著述中，缺少将商业人寿保险税制置于宏观法律关系下研究其有效性的先例。笔者希望在后续研究中充实、确定绩效评价原则，以验证构建的我国商业人寿保险税收制度的规制。本书通过评价我国现行税法对商业人寿保险税收的规定，总结商业人寿保险税制的缺失，依据税法的原则和规定构想完善的商业人寿保险税收制度。

（三）确立了以实质课税作为商业人寿保险所得税分配均衡的评价基准

商业人寿保险的部分险种，如：投资连结保险等分割了保单持有人财产的管理属性和利益属性，导致资金运行各环节中财产形式移转与实质移转的并存。偿付能力下的准备金计算和重复征税是商业人寿保险所得税制度面临的两大困境。笔者认为，应以实质课税作为商业人寿保险所得税分配均衡的评价基准。同时提出了具体并便于实务操作的所得税制度的实质受益者负税原则，以及剖析了寿险实质受益者的受益构成。

第二章

我国商业人寿保险
所得税制度的特殊性

商业人寿保险在中国发展了200多年，在经济中的地位逐渐增强，虽然保险被列入金融业，但其特殊的功能、特殊的经营模式和特殊的技术在金融行业中逐渐突出。所得税的征收是以利润为基础，如果不能认识商业人寿保险的特殊性、营利模式，则无法认清利润本质、利润来源、利润数量，更无法制定科学的所得税制。因此，本章从我国商业人寿保险在市场经济中的特殊性和统一的现行所得税制运用于商业人寿保险产生的特殊的各种法律关系两方面分析我国商业人寿保险所得税的特殊性。

第一节　商业人寿保险在社会
保障体系中的特殊性

一、商业人寿保险是社会保障中的重要支柱

现行社会保险制度注重大覆盖面，但保障水平低，局限性大，难以适应目前经济发展下人民群众的高水平保障需求。社会保险待遇主要围绕就业制度展开，存在较多的覆盖空白，例如对农村来城务工人员（新业态就业群体等）、未成年人都缺乏成熟的社会保险制度。在此基础上发展起来的商业人寿保险对社会保障提供了有利的补充。

随着人口老龄化进程的加快，不但社会保障覆盖单位的离退休人员增多导致费用增加，财政和企业的负担如果完全全部由社会保险承担下来，则会严重制约经济建设的发展；而且独生子女和单独生活的老年人家庭比例增加，使年轻人赡养老年人养老的负担增加，需要更加丰富的保障方式来解决养老问题。在社会保障解决了基本生老病死的问题后，通过商业寿险能够使更多的人得到差异化的保障，从而扩大社会保障的覆盖面，为社会提供个性化、层次丰富的保障服务。针对我国的现状，商业人寿保险作为灵活、个性强的保障方式，为不同的家庭、职工和个人提供多维的保障方式。其达到的现实目的和社会保障一样，在补偿力度方面，甚至更加充分。

以前，商业人寿保险一直作为社会保障的补充存在，但随着社会经济的发展，现代商业人寿保险已经不再是补充，进而发展到成为重要支柱，起到强大的支撑作用。2014 年 8 月 10 日，国务院印发《关于加快发展现代保险服务业的若干意见》（以下简称新"国十条"）出台。新"国十条"从构筑保险民生保障网，完善多层次社会保障体系等 9 个方面 29 条政策措施，对加快发展现代保险服务业做出了具体要求。它的突出亮点就在于是我国第一次明确地把发展商业保险提升到国家发展层面，全面构筑一张民生保障网，新的定位明确了商业人寿保险的社会保险重要支柱。商业保险在未来将逐步成为个人和家庭商业保障计划的主要承担者、企业发起的养老健康保障计划的重要提供者、社会保险市场化运作的积极参与者。相应地，政府也会支持保险机构大力拓展企业年金等业务。充分发挥商业保险对基本养老、医疗保险的补充作用。《中共中央关于制定国民经济和社会发展第十四个五年规划和二〇三五年远景目标的建议》（以下简称"十四五"规划报告）对"十四五"期间的经济社会发展规划和远景目标做出了具体建议。"十四五"规划报告中明确提出"高质量发展""新发展格局""经济发展目标"等重要概念。保险发展一方面应依托经济发展趋势、结合国内外经济环境实现高质量发展；另一方面应注重服务国家发展战略，发挥资金支持与风险保障作用，切实助力我国新发展格局构建与实体经济发展。

基于以上，现代商业人寿保险不应简单地看成是以营利为目的的商业行为，在市场经济条件下，其具备的极强的社会性和保障性是其他商业行为无法比拟的。所以，在后续所讨论的所得税制方面，也必须要考虑到其在经济中的特殊性，在整个市场经济正常运行中所起的重要作用来制定。

二、商业人寿保险的社会稳定器作用

商业寿险的社会稳定器功能体现在两个方面，第一方面，构建了个人和家庭的风险分担机制，稳定了收支预期。个人和家庭是整个社会的细胞，他们的经济安全和良性健康是国民经济和社会稳定发展的重要基础。随着现代商业保险制度的发展和完善，有效的风险分担机制将会逐步建立。第二方面，保险在金融行业中的作用逐渐明显和重要，不但我国的经济建设需要的资金越来越多地由保险业提供，而且更加深层次的是保险业所提供的金融资金更加稳定、长期，这是其他金融机构的资金所无法比拟的。

新"国十条"提出保险业需要更好地发挥基础机制作用。将保险业看作一个有效工具，尤其是在市场机制发挥决定性作用过程中将更加明显。商业人寿保险不同于其他商业行为，不仅仅作为商业运作模式，不应该简单地将其作为个人或公司行为，而是起到为整个社会提供稳定器的作用。商业人寿保险的社会管理功能，要求国家应为其创造更好的外部条件，让保险充分发挥作用，要让保险基础机制像润滑油一样渗透到经济社会运转中，"充分发挥保险费率杠杆的激励约束作用"。我国的现代商业人寿保险通过40多年的发展，应更加接近于保险发达国家对保险的定位，不仅对保险行业经营做出要求，也对政府部门提出新的要求，尽管商业保险有"商业"二字，但应该换个角度看待保险，不该把其当成完全的商业模式，而应该重视其社会功能，发挥保险业的长处，将其融入国家治理体系建设和经济社会发展的整体布局当中。

三、商业人寿保险利润核算的特殊性

一般商品通常是成本前置，而定价后置，即依据企业采购原材料、生产制造、管理、销售等环节的成本，汇总计算出实际发生的总成本，加上一定的预定利润率，确定商品的价格，在商品交易后就可以实现商品的盈亏。人寿保险则正好相反，属于定价前置，成本后置。寿险公司与投保人签署保险合同，只是保险经济行为的开始，而保单期满或发生保险事故，才是经济行为的结束。因此，在保险合同到期或事故发生之前，该合同的成本是难以精确计算的，该保险合同的成本会随着外部环境和内部因素的变化而成为一个变数，直到保险期间终了，才能得出较为精确的保单成本。虽然保险人和投保人在订立保险合同时，向投保人交纳的保险费确定的，但是其成本却是综合考虑了预定死亡率、预定利率和预定附加费用率三个主要因素而预估的。只有到了合同满期时，通过核算整个期间的保单实际成本小于预计成本，才能得出最后的经营结果为盈利；反之，亏损。如果保险期间由于退保等情况提前终止合同，则寿险公司很有可能会发生亏损，并无法从该合同中挽回。

因此，商业人寿保险的成本在定价时是不确定的，一旦签署保险合同，保险人即按照保险合同约定的保费交纳保费，此时并不确定保险事故是否发生、何时发生以及具体给付为多少。当保单年度与会计年度不一致时，需要预估成本，通过计提保险责任准备金来核算当期利润。责任准备金是对客户的负债。人寿保险的准备金是某一时点对客户负债的货币准备，属客户所有。由于寿险公司负债经营的特性，在保险费率水平一致的情况下，保险人获得的保费数量越大，负债越高，相应承担的风险就越高。从时间上考虑，保险合同期限越长，保险人承担的或然性债务的期限就越长。以保障型产品为例，保险人收取几元的保险费，要承担上万元的或然负债。按照寿险精算原理，寿险准备金随着保单年度的增加而增加，到保单到期时准备金恰好等于保险金额。而由于初始年度保单年度提存准备金较少，保险人所承担的净风险较大。如果被保险人在首个保单年度发生保险事故，则保险公司的损失最严重，净风险保额为保险金额。随着保单年度的递增，保单积存的准备金在逐年增多，净风险逐渐减小，到保单年度终止时，逐年累积的准备金等于保险金额，此时保险公司净风险为零，即无风险。

收入和成本两方面的不确定导致利润的不确定。在不同的时点，利润不仅是不相同的，而且并不是已经实现的。相反，利润是虚拟和变化的，这就带来核算商业人寿保险利润方法的特殊性。由于人寿保险的经营风险的特殊性，其技术也相对特殊，需要综合利用数学、经济学、数理统计学的知识对未来的不确定性支付提出量化意见，在特定会计准则

17

下算得利润。形成了寿险精算这门独特学科，寿险精算经过 100 多年的发展，目前已非常成熟。通过精算技术，人寿保险经营者可以将保险经营过程中发生的费用、税、利润等全部计算到保费中。但保险公司也可以通过精算技术将所纳税金转移到保费中由投保方来承担，所以保险公司对税收并不敏感，也不会对此提出异议。这反而给所得税税收制度的制定提出了挑战，要制定出公平的、达到征收目的的所得税制，必须摸清、掌握、符合商业人寿保险的运行规律。

四、商业人寿保险险种划分的特殊要求

目前的险种分类是根据人寿保险营运方式来划分的，目的是方便区分保险的业务类别，以方便管理，但无法揭示投保人的购买目的和产品利润来源实质，不适合所得税制的研究。从所得税的职能看，所得税具有调节收入的功能，而获得收入的来源与动因是所得税制所需考虑的重要因素，所得税制应该差异化地体现不同的收入来源与动因。同理，人寿保险的不同产品也存在差异化，这种差异化同时体现在寿险企业经营不同的寿险业务所获得的利润来源和投保人购买不同的寿险产品的投保目的两方面。因此本书按照寿险经营和投保目的，将人寿保险分为了保障型、储蓄型和投资型人寿保险三大类。保障型人寿保险指的是以被保险人死亡为给付条件，只有当被保险人在保险期间死亡，受益人才能得到保险给付的人寿保险，保障型人寿保险定价利率固定，不会根据保险公司投资状况而改变，保险公司经营保障型人寿保险的利润来源主要来自实际投资利润率与定价利率的差额、实际死亡率与预期死亡率的差额和实际费用率与其费用率的差额（简称为"三差"）。因为在保险期间内死亡率一般较低，所以保障型的人寿保险费较低，而且保险公司所收的保费大部分会以期望死亡给付的方式给付给受益人。而该种保险的投保目的是防范非预期死亡带来的未来经济状况波动，由于该险种现金价值较低，因此用于储蓄的投保目的可以忽略不计。储蓄型人寿保险是指投保人以储蓄目的投保，保费按预定的利率进行累积，以期在未来被保险人生存时或死亡时获得保险金给付的人寿保险。该险种在相同保险金额情况下保费会比保障型大，虽然其所收保费也是大部分给付给受益人，保险公司的获利方式也是"三差"，但其资金量大，导致收益绝对

量更大。投资型人寿保险的保险功能比重相比以上两者较小，投保该险种的主要目的就是通过将资金以保费的形式委托保险公司的资金运用，获得资本市场的收益。保险公司通过投资型人寿保险获利的途径也与证券、基金行业类似，收入来源是以收取交易手续费的方式获得管理费。基于以上原因，笔者将商业人寿保险险种分成保障型、储蓄型和投资型三种方式，可以明确地区分保险人和受益人的收入、获利来源和投保人的投保目的，从而为实质课税分析奠定理论基础。

第二节　我国商业人寿保险所得税
法律关系的特殊性

　　商业寿险所得税法律关系体现了征纳税双方（即：国家和保险人或被保险人）在征纳税方面的权利义务关系。[1] 商业人寿保险税收法律关系是征税主体和纳税主体的权利和义务得以存在的客观基础，它连接了整个商业人寿保险税收法律关系的运行。

　　商业人寿保险所得税法律关系的主体即税收分配关系的双方，主要指的是商业人寿保险税收法律关系中权利的获得者和义务的承担者。按性质不同，可将其分为两类，即征税主体和纳税主体。商业寿险税收主体在商业人寿保险税收法律关系中行使国家税收征管权力和履行税收征管功能的人，由政府行使国家权力享受商业寿险税收的所有权，并通过法律授权的形式交由税务机关[2]来代其行使征税权力。在我国所得税的征缴过程中，征税主体不尽相同，根据各地法规征税主体可以是各地地方税务局也可以是国税局[3]。在征税主体上，商业人寿保险并无特殊之

---

　　[1]　税收法律关系是指税法所确认和调整的国家与纳税人在税收分配中形成的权利义务关系。李景平. 国家税收 ［M］. 西安：西安交通大学出版社，2010.

　　[2]　税务机关指各级税务局、税务分局、税务所和按照国务院规定设立的并向社会公告的税务机构，包括国家税务总局，省、自治区、直辖市国家税务总局，地方税务局，地、市、州国家税务总局、地方税务局，县、区国家税务总局、地方税务局，税务所等，以及根据经国务院办公厅转发的《深化税收征管改革的方案》设立的各级稽查局、涉外税收管理局等机构。

　　[3]　2018 年 3 月 13 日，十三届全国人大一次会议举行第四次全体会议，王勇受国务院委托作关于国务院机构改革方案的说明，明确指出"改革国税地税征管体制。将省级和省级以下国税地税机构合并。

处，不属于本书讨论重点。

一、商业人寿保险纳税主体①的特殊性

由于商业人寿保险受益人是商业人寿保险财产的利益受益者，因此按照实质课税原则，商业人寿保险所得税最终应当由受益人承担纳税义务。但由于商业人寿保险同时也是一种高度灵活的理财机制，投保人和保险人对商业人寿保险财产的管理处分和使用依然享有权利，因此在特定情况下也可能成为纳税主体。同时，在商业人寿保险法律关系中，保险人是商业人寿保险财产的名义所有权人，受益人是商业人寿保险财产的收益享有者。保险人在名义上握有商业人寿保险财产，该收益在名义上归属于保险人，但是由于商业人寿保险财产实际上独立于保险人的财产，因此商业人寿保险收益并不是完全是保险人所得。例如，在定价利率固定的人寿保险产品中，当保险事故发生时，受益人获得保险给付金，受益人为纳税主体；保险人获得超出固定利率的收益，因此保险人也是纳税主体。而当人寿保险产品的定价利率属于浮动情况时，则纳税主体有可能是获得保险给付金的受益人，也有可能是在未发生保险事故时得到投资回报的保单持有人，保险人因为获得一部分投资收益或者管理费收入也就成为了纳税主体。所以，人寿保险的纳税主体并不是固定的，不能够根据表象简单判断，而需要根据实质课税原则，找出其实质受益者作为纳税主体。

二、征税客体的特殊性

商业人寿保险税收法律关系的客体即征税对象，② 我国是一个复合

① 商业人寿保险纳税主体包括通常所谓的纳税人，即法律、行政法规规定负有纳税义务的单位和个人，还包括扣缴义务人，即法律、行政法规规定负有代扣代缴、代收代缴税款义务的单位和个人。不同种类的纳税主体，在商业人寿保险税收法律关系中享受的权利和承担的义务不尽相同。

② 征税对象又叫征税客体、课税对象，指税法规定对什么征税，是区别一种税与另一种税的重要标志。征税客体按其性质的不同，通常可划分为流转额、所得额、财产、资源、特定行为等五大类，通常也因此将税收分为相应的五大类即流转税或称商品和劳务税、所得税、财产税、资源税和特定行为税。

税制的国家，在保险实务中，所得额、应税行为及财产等均可成为征税对象。在商业人寿保险所得税中，个人所得税的征税客体是保单持有人或受益人取得的应税所得，企业所得税①的征税客体是指人寿保险企业取得的商业人寿保险经营所得、其他所得和清算所得为征税客体。

目前，我国对金融企业采用的是会计报告基础模式，即采取如下的统一方法：

应纳所得税税额等于应纳税所得额乘以统一税率25%，而应纳税所得额等于利润总额加上税收调整项目，关于利润总额的核算各行业都无差异，只是对于金融企业而言，在营业利润中需要扣除准备金提转差和红利，针对寿险企业，其营业收入等于保费收入、利息收入等其他收入之和，加上提存未决赔款准备金、利息支出等。

由于人寿保险业务的长期性等第一节中所涉及的特殊因素使其寿险保单在合同效力终止之前，保险公司没有办法精确计算该合同所带来的真实利润，因此，在每个会计年度末，都需要使用精算方法来评估准备以确认每年的应纳税所得额。②

体现在营业利润中表现为准备金提转差上，当年的业务却由于业务未到期，对事故是否发生、何时发生带来的对未来的负债不确定，导致准备金的提取需要采取估计的方式进行计提，并根据进展年的情况进行修正。在营业收入中，保费收入、利息收入等在会计上还是便于确定的，不确定的是提存未决赔款准备金，③ 未决赔款准备金包括了三种形式：已发生已报告未决赔款准备金、已发生未报告未决赔款准备金和已发生未立案未决赔款准备金，每一种准备金都是通过精算方法预估的，所以三者之和更加具有不确定性。未决赔款准备金的提取目的在于保证保险公司承担将来给付责任，保护被保险人和受益人的权益。未决赔款准备金最终一般都会转化为保险金进行给付，其提取原理很简单，即按照已经提出的保险给付金额或已经发生保险事故但尚未提出的给付金额

21

① 企业所得税是对我国境内的企业和其他取得收入的组织的生产经营所得和其他所得征收的所得税。通常以纯所得为征税对象，以经过计算得出的应纳税所得额为计税依据，纳税人和实际负担人通常是一致的，因而可以直接调节纳税人的收入。应纳税所得以利润为主要依据，但不是直接意义上的会计利润。

② 潘博. 营改增对寿险公司的影响及建议 [J]. 财务与会计, 2018 (02).

③ 对于人寿保险而言，不用计提未决赔款准备金，但人身保险包括的健康险和意外险需要计提。

预测，从当年的自留保费中提取。正因为其原理简单，但面对的情况复杂，所以未决赔款准备金的提取在整个保险期间分布的不确定性很大，对技术要求较高。

由此可以看出，理论上，商业寿险的利润成为了所得税法律关系的客体，但上述每一部分的确认在具体操作时都会影响保险企业的所得税税负。而且，根据不同的险种，属于不同性质的保险需要有针对地考虑其扣除项，客体也随之有所变化，对于保障型和储蓄型人寿保险，保险人的利润主要来源于保费收入与成本的差，而对于投资型人寿保险，保险人的利润来源于投资收入和手续费及佣金。所以，在后续的章节中笔者将分险种对客体进行检验、测算，进而得出准确的征税客体。

三、税基确定要素的特殊性

由于准备金等扣除项的不确定性，导致核算方法相对其他金融企业特殊，从而使得人寿保险的税基确定具有特殊性，而这些特殊因素并未在现有规定中体现，主要表现在：

第一，《中华人民共和国企业所得税法》① 第五条规定了为应纳税所得额。② 但对保险公司所得税扣除项目的规定，却按照 1999 年《国家税务总局关于保险企业所得税若干问题的通知》（以下简称《通知》）执行，根据《通知》要求，对于未报告未决赔款准备金只能按不超过当年实际赔款额的 4% 进行提取，对于超过部分则应正常纳税。扣除项规定的滞后带来了保险公司税前利润较大波动的后果。而如果根据新会计准则，保险公司应当采用精算方法，允许实际提取金额超过 4% 的比例限制的部分仍然按 4% 的比例作纳税调整，而实际情况下，保险公司按照中国银保监会稳健经营的方针，必然会使得这个比例大于 4%，这样就大大增加保险公司的所得税负担。

第二，在理赔费用和手续费方面，新会计准则明确要求保险公司计

---

① 2007 年 3 月 16 日第十届全国人民代表大会第五次会议通过　根据 2017 年 2 月 24 日第十二届全国人民代表大会常务委员会第二十六次会议《关于修改〈中华人民共和国企业所得税法〉的决定》第一次修正　根据 2018 年 12 月 29 日第十三届全国人民代表大会常务委员会第七次会议《关于修改〈中华人民共和国电力法〉等四部法律的决定》第二次修正。

② 即应纳税所得额等于企业每一纳税年度的收入总额，减除不征税收入、免税收入、各项扣除以及允许弥补的以前年度亏损后的余额。

提理赔费用准备金，而现行税收法仍然采用 1999 年的《通知》执行，因为没有明确规定理赔费用准备金，税前扣除也无从谈起。与此类似的是新会计准则要求对准备金进行充足性测试带来的准备金多提，多提的这一部分的税前列支也未在现行税法中明确。

第三，公允价值核算是新会计准则的特点之一，其变动盈余是保险公司尚未实现的盈余，该部分盈余在新会计准则中可以反映在保险公司的损益中，但目前税制并未细致到对这部分纳税进行约束。

四、商业人寿保险税收法律关系产生、变更和终止的特殊性

商业人寿保险税收法律关系依据一定的法律事实[①]而产生、变更或终止。[②]

（一）商业人寿保险税收法律关系的产生

商业人寿保险税收法律关系产生指在税收法律关系主体之间形成的权利、义务关系，引起商业人寿保险税收法律关系产生的法律事实，包括：（1）商业人寿保险纳税人发生了税法规定的应纳税的行为和事件；（2）新的商业人寿保险纳税人的出现；（3）新税法的制定与颁布。税法的颁布是商业人寿保险税收法律关系产生的前提条件，必然促使某些新的商业人寿保险税收法律关系的产生。而在商业人寿保险常规经营下所产生的税收法律关系主要和人寿保险合同生效相联系，人寿保险合同双方达成一致后合同成立，通常在交纳第一期保费后人寿保险合同才生效，即只有交纳了首期保费后，人寿保险的税收法律关系才真正产生。

（二）商业人寿保险税收法律关系的变更

商业人寿保险税收法律关系变更指由于某一法律事实的发生，从而使其税收法律关系的主体、内容和客体发生变化。引起商业人寿保险税收法律关系变更的具体原因主要包括：由于寿险公司自身的组织状况发生变化；由于寿险公司与保单持有人单方面或双方面的经营或财产情况

23

①　除了法律事实外，还包括法律事件和法律行为。
②　李景平．国家税收［M］．西安：西安交通大学出版社，2010.

发生变更。① 自身组织发生的变化情况包括股份制寿险公司的相互化、相互制寿险公司的股份化这两种公司组织形式的变化，② 由于所得税法律关系可以基于不同公司性质而有所区别，那么当寿险公司组织形式发生变更后，则法律关系随之改变。寿险公司与保单持有人之间发生的单方面或双方面的变更就更为常见了，例如，投保人指定的受益人发生变更，那么该业务的所得税法律关系也随之改变；又如，投保人将保单收益进行抵押，那么保单的所有权和收益权也会发生变更。

（三）商业人寿保险税收法律关系的终止

在人寿保险经营过程中所得税法律关系终止是指这一关系的消灭，其消灭的特殊原因有以下几种情况。

1. 纳税主体的消灭

人寿保险公司由于经营亏损，清算、破产、退出保险市场。虽然截至目前没有人寿保险公司破产清算，但是无论从《中华人民共和国保险法》（以下简称《保险法》）还是《中华人民共和国企业破产法》③ 对保险公司的破产都有明文规定和详细的步骤。而且，从保险业最近动态来看，正在讨论市场的退出机制和保险公司的破产的具体事项。破产带来原纳税主体形式上的消失，但其管理的人寿保险合同及保险准备金，必须转让给其托管公司，所以，实质上是由接受转让的保险公司代行纳税主体对历史业务进行纳税。

2. 保险合同以亏损状态终止④

对于某些保单持有人，在保单发生亏损时，采取退保的方式，终止保险合同。如果说纳税主体消失的情况发生概率很小，那么保险合同亏损的情况就常见了。退保不是因为保险事故发生，保险公司支付保险金

---

① 由于税法的修订、因不可抗力等事件造成难以履行纳税义务而变更税收法律关系不在本书论述范围之内。

② 这两种情况在国外比较常见，虽然在我国由于相互制保险公司样本数量少，还未出现过相互保险公司的股份化，但可能性是存在的。

③ 《中华人民共和国保险法》第九十二条规定经营有人寿保险业务的保险公司被依法撤销或者被依法宣告破产的，其持有的人寿保险合同及责任准备金，必须转让给其他经营有人寿保险业务的保险公司；不能同其他保险公司达成转让协议的，由国务院保险监督管理机构指定经营有人寿保险业务的保险公司接受转让。

④ 人寿保险经营者在实务中发现，当发生退保时，保险人因预期利润所缴纳的所得税（包括代理人缴纳的所得税）无法摊回。

而发生的亏损，而是指在保险合同未到期时，合同双方当事人表示一致，中止保险合同所确定的法律关系，并按合同的约定退还险单的现金价值。不同于其他金融业务亏损一般由违约的一方承担，或者金融机构可以将亏损转移到违约的一方（例如，定期存款），退保行为所带来的损失对保险人和投保人是双方面的，即双方都有亏损。对投保人来说，亏损是所交保费与现金价值的差值；对保险人来说亏损在于营业费用的无法摊回和未来利润的损失。这种亏损的终止状态相比其他金融业务是特殊的，以此带来所得税法律关系的特殊。对保单持有人来说，应以保单所产生的利润为依据进行逐单纳税；而对于保险人来说，则应允许将亏损分摊到整体业务中进行核算更科学。

第三节　我国现行商业人寿保险所得税法存在的问题

一、寿险税收制度无法覆盖商业人寿保险的特殊性

（一）寿险税收制度设计不细致

目前，除少数地区对少部分寿险产品实行特殊的有针对性的税收制度以外，如：税延养老保险仅在上海市、福建省（含厦门市）和苏州工业园区三地开启试点，部分省市的地方税务部门对分红保险征收个人所得税，我国对几乎所有地区的几乎所有寿险产品实行统一无差别的税收制度，既没有对寿险产品创新的税收支持，也没有对寿险业不发达地区如西部地区的税收政策倾斜，更缺乏对中小型寿险企业发展的鼓励和扶持。[①]

但人寿保险产品丰富多样，理论界中以王绪瑾为代表的学者认为人寿保险分为传统型人寿保险、新型人寿保险和年金保险。[②] 其中传统型

---

① 汤晓梅. 我国人寿保险税收制度法律问题探讨 [D]. 成都：西南政法大学，2008：24.
② 年金保险是指投保人或被保险人一次或按期交纳保险费，保险人以被保险人生存为条件，按年、半年、季或月给付保险金，直至被保险人死亡或保险合同期满。年金保险按给付保险金的限期不同，分为三种：（1）终身年金保险；（2）定期年金保险；（3）联合年金保险。

人寿保险包括定期寿险、终身寿险和养老寿险；对付通货膨胀和灵活满足顾客需求的创新型人寿保险包括变额人寿保险、万能人寿保险、变额万能人寿保险、投资连结保险等。每个寿险险种的需求会随着时期、地区、消费习惯等因素的差异而有所不同，其需求弹性也会随之不同，税收转嫁比例不同，寿险消费者的税收负担也就应该呈现出相应的差异性。

而且，险种的差异究其根本原因是功能性的差异，保障型产品的功能是起到社会保障支柱之一的作用，减少被保险人因为意外等事故带来的家庭经济崩溃，保证家庭的社会生活按原有水平继续的作用；养老型的产品是为了实现老有所依、老有所养的社会目标，使得现有工作者无后顾之忧，起到稳定社会，减少不安定因素的作用；投资型的产品以获取最大投资收益为目标，以上两个功能并不首要考虑。三个目的和功能完全不同的险种，竟然采取的是同一套所得税税收制度，很显然在税制设计上存在疏漏。因此，在设计寿险税收制度时，就应该实现包括税种组合、税率组合在内的税收结构的最优化，这也为分险种征税政策、区域性税收倾斜政策等提供了理论基础。①

（二）未能形成一套适应寿险产品特殊性的所得税制度

寿险商品与其他的金融产品不同，它具有长期性、储蓄性和投资性。如果不能对作为未来赔付的准备金或提留实施税前扣除，这与银行业按照存款额而不是存贷差进行征税是一样的。

投保人持有寿险保单所获得的收益和寿险公司作为资金运用中介所获得的收益，在核算所得税时应进行区别对待。按照精算原理，保费产生的储蓄收益其实在精算平衡中已经被用于抵缴保费。这部分收益是保费提前缴纳所产生的利息收入，投保人应该就该部分利息收入缴纳利息所得税，按照税收的实务做法实行源头代扣代缴制度。但对于寿险公司而言，这些不同的收益往往很难区分。②

目前国际上的普遍做法是将寿险公司的所得税应税收入分成两部分来规定：保费收入和投资收入。③ 我国目前并没有对此进行区分，应纳

---

① 杜萌娜. 我国保险公司税收负担的实证研究［D］. 成都：西南财经大学，2011.

② 董真毅. 我国保险企业所得税费用对盈利能力的影响研究［D］. 长沙：湖南大学，2020.

③ 刘初旺在 2009 年中国城市经济发表的《人寿保险税收政策的国际比较及对我国的启示》中提到国际上将寿险公司的所得税应税收入分成两部分来规定：保费收入和投资收入。

税所得额只是可以扣除允许弥补的以前年度亏损部分。[①] 我国没有像美国那样开征资本利得税，而且持续持有居民企业公开发行并上市流通的股票不足 12 个月取得的投资收益也不在免税收入的确定范围内。[②] 虽然在新会计准则中规定了保险风险部分和其他风险部分，并规定了收入与支出的确定方法，但这种做法对于保险税收的影响并不明朗。[③] 目前我国尚未形成一套适应我国寿险业特点和寿险产品特殊性的所得税税收制

[①]　曾经在国家税务总局编，2010 年中国税务出版社出版的《企业所得税管理操作指南（2010 年版）——保险业》中有过介绍。

[②]　参见国家税务总局编．企业所得税管理操作指南（2010 年版）——保险业［M］．北京：中国税务出版社，2010：291.

[③]　a. 税法和会计处理对税收影响不明朗的地方：企业提取减值时，税法上不能在当期扣除；当企业减值转回时，税法上也不计入当期应纳税所得额；如果企业采用与税法规定不一致的折旧方法和折旧年限，应进行纳税调整；保险公司在计提固定资产减值准备的当期，计入损益的资产减值准备支出不得税前扣除，应调增应纳税所得额；会计上根据固定资产原价减去预计净残值等后的金额计提折旧，但税法仍根据未扣除已计提的固定资产减值准备累计金额后的金额计提折旧，此时应调减应纳税所得额；处置采用公允价值模式计量的投资性房地产时，税法并不认可其产生的损益，应进行纳税调整；保险公司自由的已足额提取折旧的固定资产的改建支出，在改建支出的当年度，按发生的支出与按税法法规计算的摊销额的差额，调增应纳税所得额，以后各期按税法规定计算的摊销额，作相应的调减处理；持有至到期的金融资产终止确认时，会计上按账面价值结转，税法上按计税基础扣除，两者的差额，应进行纳税调整。

b. 税法规定比会计处理有税收优惠的地方：税法对广告费和业务宣传费实行限额管理，并允许无限期结转扣除。

c. 税法中的要求一般比会计准则更为苛刻，需要在会计核算基础上调增应纳税所得额：如保险公司提取的超出税法规定金额或比例的准备金，应进行纳税调整；对向不具有代理资格的保险中介机构或个人代理人支付的手续费及佣金支出不得税前扣除；向保险中介机构支付手续费及佣金，没有取得《保险中介服务统一发票》的，不得在税前扣除；超过税法规定税前扣除限额部分应进行纳税调整；企业在会计上计入税法规定不予扣除的汇兑损失，应进行纳税调整；对保险公司为职工缴纳的各类社会保险和住房公积金超过国务院有关部门或省级人民政府规定的范围或标准的部分，不得在税前扣除，应作纳税调整；保险公司未按税法规定的范围和比例扣除补充养老保险费和补充医疗保险费，或在税前扣除了税法不予扣除的其他商业保险费，应进行纳税调整；与公司经营活动无关的业务招待费，不得税前扣除；应调增应纳税所得额，且上述发生额的 60% 不得超过当年营业收入的 5‰，超过部分也不得税前扣除，应调增应纳税所得额；为取得合法有效凭证的业务招待费不能在税前扣除；不符合通过接受捐赠或者办理转增的单位为符合条件的非营利性社会团体和国家机关、捐赠属于《中华人民共和国公益事业捐赠法》规定的公益事业、取得合法有效的捐赠票据、在税法规定的比例（限额）内扣除这些任一个条件的，不得税前扣除；对公益性捐赠支出以外的其他捐赠支出，不得在税前扣除；须经税务机关审批而未经批准的资产损失或者不予批准的不得在税前扣除；企业发生的税前不允许扣除的项目应进行税前调整；税法中"自行开发的支出已在计算应纳税所得额时扣除的无形资产"和"与生产经营活动无关的无形资产"不得计算摊销额扣除，但会计上可以进行摊销，因此需要调增应纳税所得额。

度，这将成为我国寿险业发展过程的一个重要制约因素，是税收制度设计领域一个不容回避的问题。

从理论上来讲，纯保费收入是根据精算平衡计算而来，即预期收入＝预期赔款。由于现实发生赔付具有一定的随机性，所以有时候纯保费小于赔付支出，有时候纯保费大于赔付支出产生了结余。纯保费的结余是因为当年的预期损失的概率大于实际发生的概率，本来需要与亏损年代进行跨年度平衡，但按照目前的税法规定，产生结余需要缴纳企业所得税，这对于保险公司稳健经营和履行赔付义务是严重不利的。另外，保险公司为了收支平衡，必须将税收因素考虑进总保费中去，这部分费用的承担者还是保险消费者。由于保险在我国保险密度较低，价格弹性很大，价格的提高会导致购买人数的更大幅度的降低，进而降低保险公司的利润，较重的税负会造成福利损失。从保险实践上看，不论保户投保的动机如何，其结果都是体现多数保户对少数保户的风险和牺牲，如果保险人不顾保险的社会互助的经济性质，硬性提高费率，这就与保险的宗旨与性质相违背。①

（三）双重征税的存在表明现有税制未触及商业人寿保险中所有权的二元化问题

我国属于大陆法系，引入的商业人寿保险制度必然面临如何调整现有的财产法律制度以适应商业人寿保险运行的问题。税收制度作为一种重要的财产法律制度，与商业人寿保险的发展联系紧密，因此，商业人寿保险税法的完善成为财产法律制度调整的重要内容。双重征税是我国商业人寿保险税收制度中存在的重要问题。从商业人寿保险环节来看，商业人寿保险合同成立时就商业人寿保险财产从投保人以保险费形式移转给保险人，导致保险人所产生的纳税义务，与寿险合同终止时以受益人获得保险金给付的实质移转所产生的纳税义务相重复，造成两次征税；营业税按照保费收入为基数收取，导致对同一所得两次课征所得税。如前所述，现行税制未触及商业人寿保险中所有权的二元化问题，重复征税也就成为必然。

双重征税体现在多个方面，既包括对非员工制的寿险营销员的工资

---

① 刘少华. 商业保险行业税收政策分析与改革研究 [D]. 南昌：南昌大学，2007：21.

征税规定（下文中有详细说明），也包括对分红险的红利收入进行征税。分红保险目前是我国占比很大的险种。所谓的分红是将利润的其中一部分分给保单持有人。它的收益主要来源于"三差益"：费差益、死差益和利差益。国际经验表明，成熟的保险人在前期核保、后期费用支出上不会产生大的偏差，所以保单红利来自死差益和费差益的比重非常小，大部分来源于投资收益。有的税务管理部门错误理解《中华人民共和国个人所得税法》中关于对"利息、股息、红利所得"征收个人所得税的规定，[①] 主张经营分红险的寿险公司对其保单红利征收 20% 的个人所得税。而保险公司分配的红利来源于税后利润，这就造成了对红利的双重征税，违背了税收原则。[②]

（四）佣金、手续费的计提比例不适应保险行业发展的形势

2008 年，在"新企业所得税法"实施以前，我国保险公司代理手续费扣除比例为实收保费的 8%，[③] 佣金扣除比例为实收保费的 5%，财政部、国家税务总局 2009 年 3 月发布了《关于企业手续费及佣金支出税前扣除政策的通知》中规定保险企业发生与其经营活动有关的手续费及佣金支出，不超过当年全部保费收入扣除退保金等后余额的 18%（含本数）的部分，在计算应纳税所得额时准予扣除；超过部分，允许结转以后年度扣除。但是，通常情况下，按照我国的现行的做法，寿险产品的营销费用要大大高于财险。相对于财产保险业务比例 15% 而言，人寿保险只有 10%，显得还是有些不太合理，[④] 实际上，代理手续费一方面是保险人的一项实际成本支出，另一方面则反映为代理机构/代理人的收入。由于手续费已经在代理机构/代理人那里作为收入全额征收了企业所得税/个人所得税，如果在保险公司对超额手续费进行纳税，则是对代理机构和保险公司的重复征税，既不符合税收原则，也不利于保险业健康发展。随着手续费支付水平的不断提高，手续费扣除比例限制使保险公司承担越来越高的税收成本，为了应对超额手续费所带来的

---

① 具体参见《中华人民共和国个人所得税法》第二条第 7 款规定。

② 周玉坤. 我国保险业发展与税收制度支持 [J]. 吉林财税高等专科学校学报，2006（4）：26－27.

③ 参见《财政部　国家税务总局关于保险企业代理手续费支出税前扣除问题的通知》。

④ 刘初旺. 人寿保险税收政策的国际比较及对我国启示 [J]. 中国城市经济，2009：82.

税收成本，一些保险分支机构可能出现不规范的财务列支行为，这也不利于整个保险行业的健康发展。[1]

（五）保险业税收法规中对坏账的处理与会计准则的要求不协调

在准备金计提方面，会计准则要求寿险公司可以采用账龄分析法、余额百分比法和个别认定法等方法计提坏账准备，并且对保险责任已经终止但尚未收到的保费收入，应全额计提坏账准备。

1. 税收政策中关于呆账提取比例的不协调加重了保险企业所得税税负

实务中，各地税务机关按照《金融企业呆账损失税前扣除管理办法》规定，按年末允许提取呆账准备的资产余额的 1%，对保险公司各分支机构允许税前扣除的呆账准备金额进行控制，总公司进行汇总纳税调整必须要经总机构所在地省（自治区、直辖市或计划单列市）税务机关申报，经审核确认后才能按照有关规定统一计算扣除。由于保险公司分支机构没有投资业务，允许提取呆账准备的资产主要是应收保费，在一般情况下，按会计准则计提的坏账准备金会远大于税法规定允许税前扣除的坏账准备金，在年终核算时，保险企业要依据每笔保费收入进行相应的纳税调整。因此，税收政策与会计政策的不协调加重了保险企业所得税税负。

2. 寿险企业坏账核销比较困难加重了保险企业所得税税负

《企业所得税税前扣除办法》规定了如何提取、核销坏账准备金的情况，但为了约束扣除行为，又同时限定了发生的坏账损失须经税务机关审批才能在申报时扣除。这就造成了在实际的税收征管中，当地方税务局把坏账损失核销的审批权委托给中介机构行使时，中介机构承受了较大的审批责任。由于寿险公司的客户相对分散，较高的诉讼成本使保险企业很难通过诉讼手段证明部分应收保费已经属于无法清偿的坏账。由于缺乏相关证据，中介机构难以批准保险企业核销坏账损失，因此保险企业无法把坏账损失列入成本中进行税前扣除，从而加重了保险企业所得税税负，影响了企业资本积累。[2]

---

① 李金华. 我国保险企业所得税问题分析 [J]. 当代经济管理，2008：94.
② 熊梦倩. 我国人寿保险税收制度的改革与完善 [D]. 成都：西南财经大学，2011.

二、用于抵御风险的总准备金采取从税后利润中提取不利于风险管理

（一）企业所得税法规对准备金的扣除规定违背寿险原理

在企业所得税方面，我国人寿保险公司的所得税税基为总收入减去精算准备金再减去各项费用。[①] 所以人寿保险业务总收入中扣除的最重要的两项就是准备金和佣金或手续费扣除，后者国外称之为取得成本，财政部和国家税务总局对这两项扣除都有专门的规定。

关于精算准备金，《财政部　国家税务总局关于保险公司准备金支出企业所得税税前扣除有关政策问题的通知》第三条的规定，保险公司按国务院财政部门的相关规定提取的未到期责任准备金、寿险责任准备金、长期健康险责任准备金、已发生已报案未决赔款准备金和已发生未报案未决赔款准备金，准予在税前扣除。[②] 并规定未经核定的准备金支出不得扣除。[③] 企业纳税年度发生的亏损，准予向以后年度结转，用以后年度的所得弥补，但结转年限最长不得超过五年[④]。但是对已发生已报案未决赔款准备金的提取比例限制在不超过当期发生的保险给付金的100%，而对已发生未报案未决赔款准备金限制在当年实际赔款支出额的8%。我们知道，未决赔款准备金的计提通常采取赔付率法和链梯法两种方法，无论哪种方法都需要3~5年的赔付数据，也就是说准备金的计提需要追溯3~5年的历史赔付情况，且不论税法规定的提取比例定得是否充分，以当年的赔款数据作为基数按比例提取，本身就不符合未决赔款准备金的提取原理。

---

① 具体公式为：应纳税所得额＝利润总额税收调整项目金额，利润总额＝营业利润＋营业外收入－营业外支出，营业利润＝承保利润＋投资收益＋利息收入＋买入发售证券收入＋其他收入＋汇兑收益－利息支出－卖出回购证券支出－保户利差支出－其他支出，承保利润＝保险业务收入－保险业务支出－准备金提转差。具体参见张卓奇．保险公司会计［M］．上海：上海财经大学出版社，2001（1）：281.

② 参见财政部、国家税务总局颁发的《关于保险公司准备金支出企业所得税税前扣除有关政策问题的通知》第三条、第四条。该通知自2011年1月1日至2015年12月31日执行。

③ 参见《中华人民共和国企业所得税法》第十条。

④ 参见《中华人民共和国企业所得税法》第十八条。

费用准备金是寿险准备金中很重要的一项，而关于费用准备金的税前扣除在我国税法规定中是缺失的，只是以手续费和佣金的扣除来体现类似的含义。《财政部　国家税务总局关于企业手续费及佣金支出税前扣除政策的通知》规定，企业发生与生产经营有关的手续费及佣金支出，不超过以下规定计算限额以内的部分，准予扣除；超过部分，不得扣除。人寿保险企业按当年全部保费收入扣除退保金等后余额的18%（含）计算限额。企业发生亏损可以向后结转五年，并且分保收入可以从总收入中减去。

（二）总准备金不能税前扣除加重了保险公司的负担

总准备金是用来应对风险损失超过损失期望部分的责任准备金。它的提取主要是为了应对寿险公司偿付能力不足的问题。准备金是根据历史数据和以往的经验预测提取的，并不能十分准确地反映未来的情况。在提取相应的准备金的情况下，寿险公司往往会计提额外总准备金来应对未来的风险，确保偿付能力。税法中规定了未经核准的准备金不得在税前扣除，而一些准备金的扣除规定中未提到总准备金，即总准备金不能在税前扣除，减少了寿险计提总准备金的动力，从而不利于保险企业应对风险。① 而且，受不确定性情况影响，我国各项准备金的提取标准不太精确，在一定程度上扭曲了所得税税基并导致税金计算的不真实。

三、被保险方税收优惠不全面

（一）寿险客户保费支付的税收优惠片面

1. 企业寿险保费支付的税收优惠规定不够全面

《中华人民共和国企业所得税法实施条例》中规定，企业按照政府规定为职工缴纳的基本养老保险费、基本医疗保险费、失业保险费、工伤保险费、生育保险费等基本社会保险费和住房公积金，准予扣除。

财政部、国家税务总局规定："非试点地区企业为职工建立补充医疗保险，继续执行国务院《关于建立城镇职工基本医疗保险制度的决

① 熊梦倩. 我国人寿保险税收制度的改革与完善 ［D］. 成都：西南财经大学，2011：23.

定》确定的标准，对工资总额 4% 以内的提取额，从职工福利费中列支，如不足列支，经核准后允许列入成本，并进行税前全额扣除。① 财务部下发的《财政部关于进一步加强金融企业财务管理若干问题的通知》规定，金融企业根据有关规定为职工建立企业年金制度，所需费用在冲减职工福利费结余后，作为社会保险费直接在成本中列支（费用），但金融企业每年列支成本（费用）的年金费用不得超过本企业上一年度职工工资总额的 4%。2018 年 2 月 1 日起施行的《企业年金办法》规定企业缴费每年不超过本企业职工工资总额的 8%。而在 2009 年的 27 号文件中规定了补充养老保险费、补充医疗保险费在计算应纳税所得额时准予扣除的比例。② 在发生的职工福利费方面，对工资薪金总额 14% 以内的部分可以扣除。③ 由于这里指的"工资薪金总额"是指《中华人民共和国企业所得税法实施条例》第三十四条中的"合理工资薪金"，范围比较狭窄；同时《中华人民共和国企业所得税法实施条例》中第四十条规定的企业职工福利费的范围比较广，所以按照"合理工资薪金"的 14% 提取的福利费有限，真正的税惠空间不大，企业的积极性自然不高。

从以上规定可知，我国对从工资中以一定比例扣除，委托特定金融机构管理的社会保险费和企业为职工购买社会保险、为特殊工种补充性质的养老保险费和医疗保险费给予了所得税前扣除的优惠，除此之外就无法在所得税前列支了，同时也没有明确对于商业寿险保单应纳税所得额扣除和递延纳税的优惠。当然从另一角度可以预见，企业为员工购买商业养老保险的税收优惠规定将对发展我国团体寿险业务有极大的促进作用。

2. 个人寿险保费支付的税收优惠规定不到位

《中华人民共和国个人所得税法》并未明确将个人交纳的商业性寿险保险费列入个人所得税应税所得额的扣除范围内，超过国家或者地方政府规定的比例交付的医疗保险金和基本养老保险也需要计入个人当期

① 参见《关于补充养老保险费、补充医疗保险费有关企业所得税政策问题的通知》。
② 具体规定如下：自 2008 年 1 月 1 日起，企业根据国家有关政策规定，为在本企业任职或者受雇的全体员工支付的补充养老保险费、补充医疗保险费，分别在不超过职工工资总额 5% 标准内的部分，在计算应纳税所得额时准予扣除；超过的部分，不予扣除。
③ 《中华人民共和国企业所得法实施条例》中第四十条规定。

的工资、薪金收入中计征所得税。因此个人购买寿险的保费就不能享受税前扣除的税收优惠，这对于大部分工资收入水平不高但却有寿险需求的消费者来说无疑是不利因素。公司为员工购买的年金在满足一定条件的情况下，可以在不超过规定比例范围内在公司所得税前扣除，但这一年金需要作为员工的当期工资薪金所得征收个人所得税，公司为员工购买的其他商业人寿保险的保险费不能税前扣除，而且也需要作为个人的工资薪金所得征税。虽然这种做法可以暂时增加财政收入，但长远看来会严重制约我国寿险业的发展，不仅不会减轻政府的财政负担，反而会增加财政负担。

相关文件对不缴纳个人所得税的情况进行了规定，但只是规定了企业年金或职业年金的单位缴费部分在计入个人账户时，和个人缴费部分4%以内时，免缴个人所得税，而当基金投资收益分配进入个人账户时，暂不缴纳个人所得税，而在领取时缴纳，但有一定的税收递延优惠政策。[1] 这一政策具有一定的税收递延优惠作用，但4%的扣除额度相对较低，税收递延的幅度有待考证。

（二）对个人保险金赔付所得的税收政策规定不完备

在保险赔付方面，保险赔款和基本养老保险的给付可以免纳个人所得税。而"保险赔款"排除掉财产保险的干扰，对于人身保险，在面对性质完全不同的保障型、储蓄型和投资型的人寿保险险种的各种给付时，在征税与否、是否享受税收优惠方面没有明确的规定。虽然在实际操作中，寿险保险给付环节并没有进行征税，但这不属于税收优惠，而应该归为税收规定上的漏洞，第一，会妨碍寿险险种深层次的产品开发。第二，也可能会错误引导一部分人利用寿险进行恶意避税，甚至是逃税。第三，我国寿险业前期快速发展而产生的高额寿险及年金保单给付期虽暂未到来，而按照经济学观点，投保人均是理性经济人，只要存在套利机会，就会积极去获取，从而达到个人利益最大化。虽然现在这个现象尚不明显，但如不重视，富裕阶层可以毫无阻拦地通过商业寿险来转移所得，合法规避本应缴纳的所得税和遗产税。政府税收不但产生

---

① 参见财政部、人力资源社会保障部、国家税务总局《关于企业年金、职业年金个人所得税有关问题的通知》第一条、第二条、第三条。其中第三条是对领取年金的个人所得税处理作出规定。

巨额损失，更严重的结果是损害社会公平，使得社会贫富两极更加分化，从而徒增社会不稳定因素。①

（三）寿险营销员所得税税收负担偏重②

1. 寿险公司非员工制的营销员的佣金按照劳务报酬税率征税偏高

寿险营销员的佣金为展业成本和劳务报酬相加而成，根据《国家税务总局关于保险营销员取得佣金收入征免个人所得税问题的通知》，保险营销员、证券经纪人取得的佣金收入，属于劳务报酬所得，以不含增值税的收入减除20%的费用后的余额为收入额，收入额减去展业成本以及附加税费后，并入当年综合所得，计算缴纳个人所得税。保险营销员、证券经纪人展业成本按照收入额的25%计算。但不合理的是因为寿险营销员的业务并不稳定，出现大额保单时的佣金数量就高，而对于偶尔佣金收入畸高的情况，并不允许在会计年度平摊，而是加成征收。③ 这就使得寿险营销员的个人收入征收的税率远高于一般人的工资、薪金所得适用的超额累进税率，其可能不堪负重担而选择离开，从而造成寿险业人力资源的流失。营销员是寿险业的基础力量，为了寿险业的长期发展和寿险市场的稳定繁荣，对寿险营销员的所得税税收规定，应进行进一步的规范及合理调整。

2. 寿险公司员工制的营销员的佣金扣除所得税的方式不合理

为激励寿险营销员努力工作，多数保险公司实行绩效工资制度来调动员工的工作积极性，员工制的营销员也不例外。实行绩效工资就意味着收入的不稳定性，每个月的收入变动可能会很大。然而营销员可能需要持续的数月拜访才能完成一笔业务，这笔业务形成的绩效工资按照制度规定一般由保险公司在业务形成的当月一次性支付给员工。虽然这部分绩效工资体现在一个月的工资薪金所得中，但本质上是他们几个月、一年甚至更长一段时间的工作业绩的反映。而依据目前的税收规定，他们在当月就需要依照全额所得缴纳税款，税收负担加重了，进而会影响工作的积极性。④

---

① 陈克伟. 我国保险业税收负担的实证研究 [D]. 广州：暨南大学，2013.
② 严格来说，寿险营销员不属于被保险方，且不是本书论述重点。
③ 参见《中华人民共和国个人所得税法》第3条。
④ 刘少华. 商业保险行业税收政策分析与改革研究 [D]. 南昌：南昌大学，2007：28.

四、商业寿险税基过大导致丧失税收公平

（一）营业税制度①使得保障型寿险业务的企业所得税税基失真

1. 营业税制度整体框架缺乏针对性

在"营改增"以前，寿险所依据的规范营业税制度还是 1994 年的《中华人民共和国营业税暂行条例》，把寿险业的营业税统一放在金融业的框架下进行管理，对金融保险业规定了营业税税目并规定了统一的税率 5%，具体到人寿保险业，在营业额核算方面，规定了保险公司以经营保险业务向投保人收取的全部价款和价外费用作为计税依据，按月纳税。从以上规定可以看出，目前的税制过于笼统，总体上与银行等金融业务放在一起考虑，缺乏对具有保障作用定期寿险运作方式的针对性。

2. 源于营业税制的增值税制度对人寿保险的特殊性考虑不完整

之前实施的营业税制涉及寿险之处，能够体现特殊性的主要体现在两方面。第一，针对不同寿险业务有不同的营业额计算方法，例如，考虑到分保因素，对实行分保的保险业务的营业额为全部保险费收入，并由分出人代缴分入人的分保费收入的增值税；② 储金业务的营业额为储金利息。③ 第二，给予特定寿险业务增值税的税收减免优惠，具体指的

---

① 我国的"营改增"制度的基础还是营业税制度，从人寿保险课税实质上来看，现行的增值税制度只是在营业税的基础上打的"补丁"，关于这部分内容后续章节将会具体解释。所以从脉络的角度，本章先从营业税制度开始推导。

② 根据财政部和国家税务总局的文件规定，按照《营业税暂行条例实施细则》第二十一条的规定，保险业实行分保险的初保业务以全部保费收入减去付给分保人的保费后的余额为营业额。为了简化手续，在实际征收过程中，可对初保人按其向投保人收取的保险费收入全额（即不扣除分保费支出）征税，对分保人取得的分保费收入不再征收营业税。目前营业税虽已改成增值税，但税收方式本质上没有太大改变，依旧延续营业税的税收方式。

③ 《国家税务总局关于印发〈金融保险业营业税申报管理办法〉的通知》第十六条（二）：保险公司如采用收取储金方式取得经济利益的（即以被保险人所交保险资金的利息收入作为保费收入，保险期满后将保险资金本金返还被保险人），其"储金业务"的营业额，为纳税人在纳税期内的储金平均余额乘以人民银行公布的一年期存款的月利率。储金平均余额为纳税期（一个月）期初储金余额与期末余额之和乘以 50%。用公式表示，储金利息 =（期初余额 + 期末余额）÷ 2 × 一年定期利率 ÷ 12。

是个人投资分红保险业务免征增值税;① 保险公司开办的 1 年期以上（含 1 年期）返还性人身保险业务及列入免税名单的寿险险种免征增值税。② 对于暂时未明确免缴增值税的险种，则应先缴纳，待审核批准免税后，允许将先缴纳的增值税抵扣其今后应纳税额。我们可以发现，涉及的这两方面只针对了储蓄返还型保险业务，甚至包括了投资型险种，但均没有针对保障型人寿保险作出明确规定。

3. 没有考虑到保障型人寿保险纳税主体③会产生转移

首先，在人寿保险法律关系中，保险人是人寿保险财产的名义所有权人，受益人是人寿保险财产的收益享有者。保险人在名义上握有人寿保险财产，该收益在名义上归属于保险人，但是由于人寿保险财产实际上独立于保险人的财产，因此人寿保险收益并不是完全是保险人的收益。同时，由于人寿保险受益人是定期人寿保险财产的利益受益者，因此按照实质课税原则，人寿保险所得税最终应当由受益人承担纳税义务。其次，由于商业人寿保险是一种高度灵活的理财机制，投保人和保险人对人寿保险财产的管理处分和使用依然享有权利，因此在特定情况下也可能成为纳税主体。再次，增值税跟营业税一样具有流转特性，保险人可以利用其特性将税负通过保费的形式转嫁给投保人，从而最终完成纳税主体的转移。因此，不当的税制带来的不利影响不是由保险人承担，而是最终由投保人承担。

现行的增值税制度并没有本质改变上述营业税制度缺点，延续了以往营业税制度对于一些具有储蓄、返还功能的保险产品有相应的规定，反而对更加具有保障性和功能性的定期寿险没有任何的针对性约束，更

---

① 源于《财政部、国家税务总局关于对保险公司开办个人投资分红保险业务取得的保费收入免征营业税的通知》：个人投资分红保险，是指保险人向投保人提供的具有死亡、伤残等高度保障的长期人寿保险业务，保险期满后，保险人还应向投保人提供投资收益分红。

② 返还性人身保险业务指 1 年期以上返还本利的普通人寿保险、养老保险金保险、健康保险。有关税收规定，参见《财政部、国家税务总局关于人寿保险业务免征营业税若干问题的通知》及《财政部、国家税务总局关于保险公司开办的一年期以上返还性人身保险险种免征营业税的通知》《财政部、国家税务总局关于下发免征营业税的一年期以上返还性人身保险产品名单（第 16 批）的通知》等先后公布的 16 个此类通知。

③ 商业人寿保险纳税主体包括通常所谓的纳税人，即法律、行政法规规定负有纳税义务的单位和个人，还包括扣缴义务人，即法律、行政法规规定负有代扣代缴、代收代缴税款义务的单位和个人。不同种类的纳税主体，在商业人寿保险税收法律关系中享受的权利和承担的义务不尽相同。

没有税收优惠。无论是从保险理论还是从发挥商业保险的社会稳定器功能方面,都将产生负面影响,不利于发挥对保险消费者的引导作用。计算所得税税基之前需要扣除增值税,而增值税带来的不利影响会随之传导到所得税,使得所得税税基与真实情况产生大的偏差。

(二) 保障型人寿保险的增值税税基相比商业银行业务更高

对于定期人寿保险,增值税的税基为所有保费收入,即毛保费。令定期死亡险的纯保费为 P,毛保费为 P',β 为附加费率(包括增值税率 t),即:$P' = P + \beta P$ 为税基。

由于银行的增值税税基是利息收入减去利息支出的差额,故税基为 $P(i_2 - i_1)$,其中 i_2 为银行投资收益率,i_1 为约定的存款利率,故 Pi_2 为利息收入,Pi_1 为利息支出。[①] 银行通过吸纳 P,通过 P 的投资从而得到 Pi_2 的收入,在此基础上减去 Pi_1 的支出,已经包括了运营费用、利润在内。所以,对人寿保险公司的定期寿险采取以 P' 为征税基数就重复计算了运营费用等。

如果考虑的是银行的长期投资情况,则应考虑 n 年的收入作为税基会更加精确,理论上应以 n 年期的定期人寿保险作类比。这样,定期人寿保险税基为:$P(1 + i_2)^n$。而银行存贷业务税基为第 n 年末的收入与支出差额 $P(1 + i_2)^n - P(1 + i)^n$,其中 $P(1 + i_2)^n$ 表示收取的保费 P 经过 n 年的投资,i 为保险定价利率,到第 n 年年末将积累成 $P(1 + i_2)^n$ 的收入;显而易见,$P'(1 + i_2)^n > P(1 + i_2)^n - P(1 + i)^n$,充分说明了在同一部税法约束的两个不同的行业,即便是同属于金融行业,由其增值税基是不同的。定期人寿保险的税基比银行业务同样资金量的业务税基要大,更大的税基在相同税率下必然会导致更多增值税支出,[②] 而按照之前的分析,更多的增值税将会转移到定期人寿保险产品价格中去。进而削弱消费者购买保障型保险产品的需求,这与我国发展保险业,发挥商业保险在社会管理中功能的精神是相悖的。

这个问题没有暴露出来其重要原因是定期人寿保险保费低廉,价格

---

① 此处选择 P 而不是 P' 为基数的原因是,P' 虽然是保险公司的收取的保费,但其中包括保险公司运营的费用等支出在内,而 P 是纯保费,更接近银行的存款收入。

② 随机选取 40 岁的男性投保 10 年期的保额为单位 1 元的死亡保险为例进行实证分析发现,营业税是应征的 50 倍,比照同资金量的银行业务,是银行业务的 125 倍。

便宜，加上附加费率，毛费率也很低，其中的增值税即便被扩大多倍，在绝对量上表现得也不明显。也正因为如此，人寿保险增值税的问题一直被搁置，而且人寿保险公司可以通过产品费率设计将多缴的增值税通过保费的形式转移给投保人，商业保险公司改革的呼声也不强烈。虽然多缴的税费绝对量不明显，掌握核心技术的商业保险公司由于根本利益并未受到影响，没有足够的利益推动和呼声，但是最终多缴的税费会由以投保人为代表的被保险方承担，有违税收精神，不利于税法公平的原则。

（三）相同税制下储蓄型寿险的企业所得税税基明显偏大

笔者使用储蓄型寿险险种与银行产品比较，发现寿险企业经营储蓄型寿险的企业所得税税基均大于同样资金量的银行产品（详细测算过程请见第六章）。以储蓄型险种中最常见的两全保险为例测算，如果随机抽取 40 岁的男性投保 10 年期的保额为 10 万元的两全人寿保险进行实证分析，根据财政部发布的关于保险企业的所得税相关规定，凡对予以扣除的项目作出具体上限规定的，即便按照相关规定的最高限额计算，企业所得税税基也高达 12152.07 元。而如果该 40 岁的男性进行储蓄，则银行经营 10 万元 10 年期银行定期存款在第 10 年末的企业所得税税基只有 7327.16 元。

第三章

我国与美英日商业人寿
保险所得税制的国际比较

美国、英国、日本都属于人寿保险发达国家，与我国的商业人寿保险或税制有着千丝万缕的关系。美国是目前寿险最发达的国家，我国的商业寿险业经营指标体系就是根据美国体系建立起来的，两国寿险的基本规律和基本原则是有共性的。研究美国人寿保险所得税体系的特点，对建立我国寿险税收制度具有一定的启示作用。英国的寿险监管理念在世界上处于前列，我国的寿险监管理念来源于英国，同理，研究英国的人寿保险所得税体系的特点，同样对我国寿险所得税制度有借鉴作用。日本不仅寿险业在亚洲领先，而且对我的税制和税收法律思想影响颇深，通过研究日本的商业寿险所得税制，可以对改善我国的寿险税制有所指导。选取这三个国家的另一个原因是针对寿险的所得税制较为稳定，通过比较三个国家的寿险企业所得税制和寿险个人所得税制，分析其中差异和原因，从而为我国寿险税制改革提供思路。

第一节　美国商业人寿保险所得税制度

寿险公司的所得税征纳须服从联邦政府所得税和州政府所得税规定的双重约束。通常情况下，美国的财产与意外保险公司和人寿与健康保险公司都受到统管商业保险公司的税法的约束。并且，这些针对美国保险公司所得税的法律法规在"联邦内部税务准则"和"国内税收法"（Internal Revenue Code，IRC）中列出。除此之外，IRC中还有只针对保险公司制定的法律法规。

美国的商业保险公司（包括寿险与非寿险保险公司）是要按年度向国内税务署（Internal Revenue Service，IRS）申报所得税的。作为联邦政府的一个机构，IRS 负责监督和管理联邦所得税。尽管在美国，大部分保险公司在州级范围内受监督与管理，但各州也必须服从联邦所得税的监管，不可以越权。

另外，美国的保险公司的所得税除了受 IRS 监督与管理，还受制于其经营业务所在州的税收制度。一般，每年保险公司须向其经营业务的所在州作年度申报。美国也存在一些州，规定其监管的保险公司按季缴纳税款。美国的税收方式及税率在各州之间有很大差别。在美国的大多数州内，税收数额基本采用同种方法确定。但也有一些州规定，对于本州设立与州外设立的保险公司实施不同的税收方式和税率。不仅如此，美国有很多州，对于不同的保险业务也指定了不同的税率。因为本章所研究的各国的寿险所得税制度，旨在与我国做比较，以找出我国寿险所得税制度与之存在的差距，所以本节只讨论美国联邦和州的寿险所得税制度中的共性部分。

一、美国人寿保险公司所得税的征收

美国对被认为属于注册地在美国的寿险公司所属的分公司汇回的收入，即便这部分收入是在国外市场发生，仍然需要课税。但对于相互制人寿保险公司或者经营具有相互性质寿险产品的股份制寿险公司，则允许其总公司将分公司汇入收入从所得中扣除。特别针对在周边国家（加拿大或墨西哥）开设分公司的股份人寿保险公司，只要该公司能够提供出其在周边国家分公司汇入收入的支撑证据，也允许从总公司的所得中扣除。综上所述，我们可以初步得出美国人寿保险公司的净所得税税基为总收入与精算准备金之差。但是，美国的寿险所得税制包括了联邦政府和州政府的所得税制，相比联邦税负，面临的州税负担较重，其地方性更为显著，情况分州细节各有不同，本书选取共性之处进行讨论。

（一）美国人寿保险公司的联邦所得税的征收

IRS 是美国的税收权力机构负责监督和管理联邦的所得税。在美国，保险企业通常受制于适用于其他商业公司的相同的税法，即按八级超额累进税率缴纳所得税税款。但是部分 IRS 的内容只针对保险公司。而美国对于寿险和非寿险保险企业征收企业所得税并不完全相同，下面只介绍美国人寿保险公司的所得税征收情况。根据《普华永道 2007 年保险课税国际比较》的统计结果显示，美国人寿保险公司的实际所得税税率是 35%。①

尽管一家保险公司被其州立保险部承认为有合法执照资格的人寿保险公司，但也可能因为联邦税收制度的原因，使得这家保险公司有可能不被联邦级的机构承认，即当 IRS 认为这家保险公司为非人寿保险公司的情况下，这家保险公司就需要同其他商业实体一样付税，而非按照寿险保险企业纳税。一家保险公司要成为被 IRC 承认的合格的人寿保险公司，就需有超过 50% 的业务活动涉足于人寿保险，年金合同或在会计年度内承保由其他人寿保险公司投保的保险。除此之外，保险公司一年以上的准备金须用于人寿保险、未赚取保费和对不可失效的人寿保单的未偿付损失赔付、意外以及健康保险。

一家人寿保险公司的总收入最终是由法定会计原则来确定的。这些总收入包括保费收入和投资收入，更为具体地说包括毛保费收入、税收准备金的减少、资本收益和其他收入项目。尽管通常毛保费收入根据法定会计原则计算，但因联邦所得税的原因，仍需作些调整。通常，税收基础准备金的减少被归为部分的总收入。为了服从法定会计原则，若年初的收益基础准备金大于其年末部分，则这部分差额将根据法定会计原则作为法定基础收益准备金的减少计入收入。税收基础准备金按特殊的 IRC 的条文来确定。② 通常来说，美国的人寿保险公司的投资收入的处理方式与其他商业实体一样，但部分情况下仍需特殊对待。③ 通常地，一家保险公司根据会计准则的可作扣除也须满足联邦所得税制的要求，如人寿保险税收基础准备金的计算和一些其他法定准备金的扣除。

---

① 刘初旺. 人寿保险税收政策的国际比较及对我国的启示 [J]. 中国城市经济，2009，11：75 – 82. 该文提到世界上绝大多数国家对购买某些指定寿险产品所支付的保险费都允许个人所得税税前扣减，以减少保单持有人缴纳的个人所得税。

② 具体的计算方法、利息率及可运用的疾病和死亡表参见 IRC 的规定。

③ 例如，法定会计原则规定免税利息收入需在计算经营收益时算入，税法则未规定这部分利息需扣除，但扣除的免税利息中部分需按一种比例机制算入纳税收入。

（二）美国人寿保险公司的州级所得税的征收

美国各州的人寿保险公司所得税的税率，有的实行比例税率制，从 2.35% ~12%，有的实行累进税率制，根据不同情况，从 1% ~10.5%。

通常，人寿保险公司须向其从事业务所在州交纳所得税，在多数州，所得税额由该公司在其州所获保费收入而定。一般保费税收的计算由州立保险部完成，而由州立财政部或类似的州立机构负责对州立保险公司税收进行监管。

在不同的州，税收方式及税率相差很大，一些州对于在州内设立与在州外设立（外来保险公司）实施不同的税收方式和税率。此外，一些州对于不同的业务也付以不同的税率。大多数州还有报复性的税法，保护在其他州受到不合理税赋的本州内设立的保险公司。例如，若有在本州开展业务的他州设立的保险公司，会因为其设立州对本州设立的保险公司实施不合理的税收制度而遭受本州的报复性税收制度。

大多数州的税收制度以保险公司在该州所获的保费为基础，一般这些保费税收以直接保费收入减去退保费为计算基础。当然也有一些州允许保险企业缴付其他种类的税收和费用可以作为从保费税收中抵销的部分或贷款。这些税收包括州收入，市政府和财产税收，协助社区的捐款，评估和考试费用，登记注册费用和保障社团评估。另外，在美国的一些州，一家州内设立的保险公司是按其净收入缴税，这些州一般不再要求保险公司在其保费上付税。一般来说，州税法允许保险公司在按净收入缴税与按保费缴税两种方式中选择。在根据保险公司净收入缴税的州，其纳税收入基本与根据联邦所得税规定的纳税收入相等或稍有一些改动。

综上所述，美国的人寿保险公司同时受制于联邦所得税和州所得税规定。一般来说，人寿保险公司受制于统管一切商业实体的联邦所得税的法律法规，但也有部分只适用于寿险保险公司的所得税规定。与中国国情不同，美国州级政府权力更大，大多数寿险保险公司受州级部门监管，但州级税收监管权力不可逾越联邦所得税制。一般来讲，任何寿险保险公司都受制于其业务所在州的税收制度。尽管税收制度和税率在不同州相差很大，但在大多数州，税收是以保险公司在该州所赚取的保费收入而定。一些州对于州内设立的保险公司和州外设立的保险公司实施不同的税收方式和税率。此外，对于不同的业务，一些州也实施不同的税率。

二、美国人寿保险公司应税收入的确定

美国在计算人寿保险公司所得税之前会用营业税项对企业所得税应纳税额进行调整，所以在研究美国人寿保险公司所得税之前须提及美国营业税项。[①] 美国的人寿保险公司的联邦所得税与其他行业情况类似，差别在于应税收入的计算方面。一般来讲，美国人寿公司的总收入即为其应税收入，而其总收入包括保险费收入和投资收入。另外，美国的人寿保险公司缴纳的所得税的税基为总收入与精算准备金的差额。

美国人寿保险公司的总收入除正常的保费收入外，还包括除延付及未收保费外的预收保费。具体总收入基本涵盖所有营业收入和非营业收入，这些收入可以以保费形式和投资收益体现，例如人寿保险产品或年金保险产品扣除退保费用后的保费、投资收益、[②] 资本利得、[③] 特定准备金的摊回;[④] 也可以以其他非营业收入[⑤]体现。

美国在对寿险公司应税收入上对于某些特殊情况的界定，能够体现其所得税制的细致之处：在寿险业务方面，以现金以外的方式支付保单红利，特别是针对保单解约或发生购买补充保险等在保险经营中经常发生的情况，有细致的规定，允许人寿保险公司按法律法规及会计准则对

---

① 在美国，人寿保险公司需要缴纳的营业税项有：州保费税和联邦特别销售税。美国州保费税实行的是属地纳税主义原则，各州政府对保险公司在本州境内取得的保费收入征收保费税。各州税率各不相同，而且相差较大。产寿险业务按照险种类别规定税率，分别计征。个别州虽然对本州注册的保险公司征收和保费税是以其全部保费为计征对象，但往往是代其他州征税。各州对人寿保险和健康险业务征收保费税各不相同，对在本州注册的保险公司在本州境内取得的保费收入征收的保费税率在2%～4%，对在外州注册的保险公司在本州境内取得保费收入征收的保费税率在0.75%～4.28%。联邦政府对保险公司在境外取得的保费收入征收特别销售税（即消费税）：对在美国境外再保险保费收入按照1%征收；对在美国境外保险保费收入按4%征收。

② 包括利息、股利、分红及租金。

③ 包括出售股票、债券及不动产投资的所得。

④ 包括人寿保单准备金、保证续保及不可解除的意外及健康保险保单、未满期保费及未决赔款、对保单及年金产品的累积分红、团体保险中的某些应急准备金。

⑤ 包括从管理服务中得到的收入、顾问收入与一些非保险营运收入。

其总收入做出调整。另外，针对保单红利这部分收入，无论是股份制寿险公司，还是相互制寿险公司都允许其将保单红利从总收入中扣除。在寿险企业组织形式方面，美国寿险税制针对相互寿险公司所经营的人寿保险产品大多为分红保险的情况，对其产生保单红利实行有限制的扣减；而股份制寿险公司经营分红保险的市场份额一般不大的情况，规定其产生的保单红利可以无限制扣减。能够针对不同性质的寿险公司的经营特点设计税制，必然是在对寿险市场充分调研下的产物。而且税制设计者对产品的理解程度较高，扣减项目除包括上述的保单红利和已收红利扣减外，还包括死亡给付、寿险准备金增加、展业费用等。[1] 在寿险企业规模方面，为了支持小型寿险企业的成长，更好地提供差异化、细致化服务，允许市场上的小型人寿保险公司（要求资产低于 5 亿美元）在应税收入上进行一定的税基扣减，从而减轻其税负压力。

三、被保险方层面的个人所得税制度

美国个人所得税没有起征点，只要有收入的人都要报税，所以被保险方获得的人寿保险给付或投资收入视为与其他收入相同，并无特殊性。美国的个人所得税依然由联邦政府和州及地方政府共同征收，并且一般以家庭为单位来征收。[2] 但由于美国的个人所得税有退税机制，因此美国很多的家庭的报税结果是不需要缴纳个人所得税。

被保险人或受益人收到的人寿保险的给付金被视为一种收入，而这

---

① LIMIT LIFE INSURANCE COMPANY RESERVE DEDUCTION 和 REPEAL SPECIAL LIFE INSURANCE COMPANY DEDUCTIONS 两个规定中详细解释了对美国人寿保险公司税收减免。

② 美国的个人所得税包括联邦个人所得税（美国个人所得税的主要部分）、州个人所得税和地方个人所得税（又称市个人所得税）。联邦税率全国一致，但美国的州和地方政府有较高的自主权，因此州个人所得税率和地方个人所得税率各地不同。有些州甚至没有州个人所得税，如阿拉斯加、佛罗里达、内华达、德克萨斯和华盛顿等州。有些州虽有州个人所得税，但只限股息和利息收入，如新罕布什尔和田纳西等州。美国各州市的税率与联邦税率不同，但大多数州市参考联邦税率，甚至于与联邦税率一致。个税核算时段上，采取的是以年总收入核算，而不是以月收入核算的方法。简而言之，不管每个月被先行代扣了多少税，到了年底每个人都要多退少补。美国的个人所得税有个人免税部分，低于限额是不用缴税的，且这部分每年会进行调整。尽管联邦个人所得税占每个纳税人个税的大部分，但是他所缴纳的州税、市税都可以在计算联邦个人所得税时进行减免。

种收入也按照美国一般的缴纳个人所得税流程①来缴税。纳税人需要在获得给付时将自己的给付与相应的税率计算出的结果缴纳预缴税，然后在真正的缴税日之前，按照税收规定和纳税人的实际情况计算确定实际应该缴纳的所得税，进行补税或者提取退税。显然，美国这种纳税方法并不单独针对人寿保险给付金进行收入再分配，而是就每个报税单位的实际总收入情况来进行收入再分配调整，从而更好地确保总收入的社会公平性，而非单独注重人寿保险给付金单项的社会公平性。

目前，美国的个人所得税税率实行七级超额累进制税率，并且有多种报税方式。美国个人所得税报税方式及其对应的各级税率如表 3.1 所示。

表 3.1　　　　　　　　　美国个人所得税的税率情况　　　　单位：美元

税率	单身个别报税	夫妻合报	夫妻各自申报	一家之主报税
10%	9525 以下	19050 以下	9525 以下	13600 以下
12%	9526 ~ 38700	19051 ~ 77400	9526 ~ 38700	13601 ~ 51800
22%	38701 ~ 82500	77401 ~ 165000	38701 ~ 82500	51801 ~ 82500
24%	82501 ~ 157500	165001 ~ 315000	82501 ~ 157500	82501 ~ 157500
32%	157501 ~ 200000	315001 ~ 400000	157501 ~ 200000	157501 ~ 200000
35%	200001 ~ 500000	400001 ~ 600000	200001 ~ 300000	200001 ~ 500000
37%	500001 以上	600001 以上	300001 以上	500001 以上

注：现行美国个人所得税税率共 7 档，税率范围在 10% ~ 37%，每档税率适用的所得级距依申报状态不同而不同。

通过前面和表 3.1 也可看出，美国采取综合课税的个人所得税模

----

① 根据联邦税则，任何有收入的美国公民每年都要依法报税。也就是说，每一个有纳税义务的美国公民，在他获取收入时按照其收入和联邦的个人所得税税率，自动扣除联邦所得税，这被称为预缴税。而民众真正缴纳所得税的截止日期是每年的 4 月 15 日，这是民众缴纳联邦个人所得税的最后期限。当然，民众要缴纳的个人所得税不是当年的，而是上一年的。这种缴税方式被称为报税，不论一个人（家庭）收入高低，每年都要报税，而报税的结果就是依据每个家庭的收入、家庭人口来核算是应当向联邦政府补交个人所得税还是联邦政府向家庭退税。

式，个税征收以年度收入为基础。① 纳税人各种所得部分性质、来源和形式统一加总，统一扣除。②

美国针对投保人和保险受益人的所得税有明确规定。除了对低收入职工由非雇主安排的退休养老计划所获得的养老金这种鲜见情况进行所得税扣减③外，对个人购买人寿保险从未实行过减税。人寿保险业务中的受益人获得的保险金收入是要纳税的，但是可以享受很大的税收优惠。美国《国内收入法典》对人寿保险给付按不同的性质有详细的所得税规定：对于死亡给付，一般免征联邦所得税；对于保单分红给付的人寿保险的给付，其给付被视为保险费返还的部分免征个人所得税，而红利在积累期内的利息收入要征收所得税；美国对于保单持有人获得的生存收益则需要征收所得税；至于年金给付的保险，采用延期纳税方式，个人年金在保险积累期内其投资利息收益不纳税，而到了给付期以后才开始纳税。需要注意，对于某些高额现金价值的保单项下的死亡给付金要征收一定比例的所得税；另外，由死亡为给付原因的保险金如果明显地具有高现金价值特征的利益输送情况，或者保险期限过短具有短期获利特征的人寿保险合同情况，则要对该合同所产生的利息征收所得税。

47

四、美国所得税制的特点小结

美国所得税制的特点在于两方面：一方面，针对主体不同而做出不同的约定，包括公司主体性质的差异和被保险方的收入情况，对规模不同的保险公司采取有差异的税收优惠，对收入不同的被保险方采取有差异的所得税率，较客观地反映了不同收入群体的所得税负，也有助于调节社会公平。另一方面，针对扣除项，其规定是比较详细，有针对性地对不同险种，按照其产品特点进行相应地扣除，符合税收公平原则，较充分地反映了各险种的运作特点，体现了实质课税原则。

---

① 这里的收入也包括了人寿保险金的给付等与人寿保险有关的个人或家庭收入。

② 李敏. 个人所得税制度改革国际比较与启示 [J]. 河南机电高等专科学校学报，2011.

③ 最高扣减限额为 2000 美元。

第二节　英国商业人寿保险所得税制度

英国是现代商业寿险的发源地，寿险市场至今已经非常成熟和稳定，其针对商业寿险的所得税制也随之完善，其历史沿革和发展路径是研究商业所得税的绝佳样本之一。

一、英国人寿保险公司应税所得的确认及优惠

大部分国家的人寿保险公司按总收入①减去费用或者精算准备金的差额征收所得税，如上述的美国，而英国比较特殊，仅就人寿保险公司调整后的投资收入减去费用的差额征收所得税。英国的人寿保险公司是根据每年的赔款总额的变动情况，对某些需纳税的收入逐年进行调整，从而得出投资收入的。另外，根据英国的税法，② 人寿保险公司的应税所得还要进行如下调整。

对于经营亏损的处理，允许人寿保险公司在 3 个会计年度内（除非公司的所有权变更幅度超过 50%，并且公司经营性质发生重大改变）投资收益等总收益与经营亏损抵销，即：可以向上个会计年度的投资收益摊回、在相同会计年度的抵消以及向下个会计年度与该项业务未来的营业利润结转。

英国设有外国控股企业法，设计该法是出于控制总公司利用位于低税区③子公司的利润减少纳税的目的。英国国籍的人寿保险公司持有某一外国控股企业 25% 或更多权益的，会就该外国控股企业的利润被征税但该法规有若干例外。从 2012 年起，该机制特别针对从英国被人为分流至海外的利润以及所存在的若干可使某些企业的或其部分利润免于纳税的免税规定。广泛来讲，部分免税保证了需根据该法纳税的企业按主要企业税率1/4 的税率来被征税。

---

① 大多数国家将人寿保险公司的总收入定义为即保费收入和投资收入的总和。
② 自 2002 年 4 月开始，就允许人寿保险公司的特定无形资产按折旧金额或账面价值来进行征税或减免。
③ 税率低于在英国对这些利润所相应征收的税率3/4 以上的国家。

在英国，对商业机构有若干政府拨款及其他形式的补助。因此，英国的人寿保险公司在符合规定的必要条件的情况下可以享有英国政府的多种补贴或者是税收优惠政策。税收优惠率从 2011 年 4 月 1 日起为 200%①。还有 130% 的优惠适用于大型企业。在 2011 年的政府年度预算报告中，公布了 21 个新的企业区。迁至任一企业区的商业机构（包括人寿保险公司）可享有长达 5 年的 100% 商业税率折扣，该折扣价值最高可达 27.5 万英镑。完全简化的计划方法即将推行且政府将对此给予支持，以保证区域内的快速发展。此外，位于其中一些企业区的人寿保险公司及某些类型的支出可能享有 100% 的资本免税额。

英国居民的人寿保险公司为其所得及利得②所缴纳的外国税赋可与相同收益所需缴纳的企业税进行抵免。外国税收的减免不得超过英国企业税对相同收益所征收的税额。从 2009 年 7 月 1 日起，由英国居民人寿保险公司收到的本国及外国股息一般免于纳税。该免税需要满足多项条件，且这些条件依据接受者是否为小型企业③而有所不同。

税损（不同于资本亏损）可在一个 75% 英籍集团内通过在事实上允许将亏损同利润及资本利得相合并而被退回。当某个英国含有人寿保险公司的企业集团接管 75% 英籍集团内某一个成员企业的业务时，未用的营业亏损及资本抵免额都将转移至接收企业。营业亏损将同所转移交易的未来利润相抵销。企业还可从财团救济中获益。若一个企业至少 75% 的原始股本由多个企业所有且各企业至少拥有 5% 的，则该企业为财团所有企业。75% 英籍企业集团内的企业所进行的资产转移不产生资本利得。若受让企业在进行这类免税转让后六年内离开该集团，则会基于资产在转移时的市场价值计算资本利得。若一个企业是因为其他企业出售其股份而导致其离开原有集团，则这笔利得将作为股份出售企业所

49

---

① 根据欧盟国家援助许可，英国从 2012 年 4 月 1 日起将税收优惠率升到了 225%，脱欧后，截止到本书成稿前，该税收优惠率还未变化。

② 人寿保险公司在英国的资本利得需按相应的企业税率进行纳税。非本国的人寿保险公司仅需为其位于英国的常驻机构开展业务的资本利得纳税。有特殊条款准许英国居民及非居民的企业递延纳税。资本亏损只可与资本利得相抵扣或无限期向后结转但不得向前摊回。此外，2002 年 4 月 1 日之后，人寿保险公司所持的股票买卖免税。关于资本利得和寿险公司所持股票买卖不属于人寿保险业务，故在本书不再继续讨论。

③ 小型企业是指年营业额小于 560 万英镑，资产总额小于 280 万英镑，员工人数小于 50 人的企业。

应收到的出售收入的一部分。存在资本亏损的企业可选择将本由英籍企业集团内的其他企业实现的利得作为本企业实现的。这样做的实际效果为给予资本亏损一种形式上的"集团减免"。

二、英国人寿保险公司企业所得税的征收

英国的会计年度与我国不同，是每年的 3 月 31 日，并根据会计年度的划分企业税率。遇到企业的业务年度与会计年度不吻合时，企业利润核算必须依照会计年度选取适用的企业所得税率。

由人寿保险公司缴纳的所得税税率一般分为保险客户和股东基金两种。按照英国的官方给出的英国人寿保险公司的企业所得税率应为：上一年度的 4 月 1 日至本年度的 3 月 31 日，在英国需缴纳企业税的人寿保险公司扣除所得税减免后按英国的主要税率18%缴税（英国政府已经于 2021 年财政部新的预算案里提出，从 2023 财年开始，利润丰厚的大企业将被征税 25%，但占企业总数 70% 的小企业仍维持 18% 的现行税率[①]。与美国类似，英国不征收本国分支机构的所得税，但英国人寿保险公司在外国的分支机构利润应缴纳英国企业税。从 2011 年 7 月 19 日起，大部分英国人寿保险公司可以选择令其海外分支机构免于纳税，但若作出该选择，该公司的任一分支机构都不可再同企业的利润相抵扣。非居民人寿保险公司在英国的分支机构应为其利润及利得按照与英国居民企业相同的方式纳税。

在英国，自 1984 年起针对个人购买寿险产品取消减税之后，不论是个人购买寿险还是公司为员工购买的人寿保险的保费都不可以抵扣其个人所得税。但在此以前，可扣减保单持有人的应纳税额为所支付的保费的15%（最多为 1500 英镑），或被保险人收入的 1/6，两者取大者。[②] 英国政府之所以作出取消减税这一决定就是对相互竞争的各种储蓄和投资形式要平等对待。但是，购买年金保险产品却可获得减税，具

[①] 参见 Her Majesty's Revenue and Customs（HMRC）官方网站，http：//www.hmrc.gov.uk/rates/corp.htm, Corporation tax rate。

[②] 参考许敏敏在《会计之友（上旬刊）》2007 年第 11 期发表的《团体保险税收政策的国际借鉴及启示》。该文从税收的角度出发，在借鉴国际经验的基础上，对我国的团体保险税收情况进行了分析，并就如何改进我国的团体保险税收政策提出了相应的建议。

体做法是，只要保单持有人选择注册地在英国的本土寿险公司或外资保险公司在英分支机构购买年金产品，即可按照保单持有人的年龄，对其收入中 17.5% ~ 40.0% 部分用于年金保险保费支出的部分在应纳税额中扣减。

表 3.2　　　　　　　　　　英国个人所得税的税率情况

个人所得税等级	非储蓄收入所得税率	储蓄收入所得税率	股息所得税
£ 0 ~ £ 5000	0.00%	10.00%	7.50%
£ 0 ~ £ 34500 采取基本税率	20.00%	20.00%	
£ 34501 - £ 150000 采取较高税率	40.00%	40.00%	32.50%
£ 150000 以上 采取附加税率	45.00%	45.00%	38.10%

资料来源：英国个人所得税现行税率，详见 Her Majesty's Revenue and Customs（HMRC）官方网站，http：//www. hmrc. gov. uk/incometax/basics. htm，Income tax – the basics。

　　一般来讲，英国税务部门表面上不对保险单持有人的累积内部利息收益征收所得税，但是会对人寿保险公司的投资收益征税，因此可以说英国税务部门对累积内部利息收益征收间接税。

　　通常情况下，英国税务部门不对保险单持有人的生存收益征收所得税，但存在着一些例外情况。而对于保险单持有人的死亡收益，英国税务部门则明确规定不征收所得税。英国每年征收个人所得税时会将个人收入分为若干类别，不同类别适用不同的税率。而分类方法和各个税率，英国税务部门每年都会进行调整。而保险单持有人获得的收益具体被列为何种收入则要根据当年英国的税收相关文件来划分，从而按照其所对应的税率缴纳所得税。如表 3.2，显示出英国的个人所得税的税率。另外需要说明，英国对个人所得税的纳税人的分类非常细致，因此保单持有人所缴纳的个人所得税还要根据其自身被划分的类别情况来缴纳所得税。

三、英国所得税制的特点小结

英国的所得税制体现了英国人寿保险公司资本输出的特点，主要是对本国和海外分支结构所做的所得税制度约束。但由于英国市场上也存在许多填补市场空白的小型人寿保险公司，为了鼓励这些小型人寿保险公司的发展，施行了较低的所得税率。而针对被保险方，与美国模式大致相同，所不同的是针对高收入阶层采取更高的所得税率进行调整。在险种方面，只针对具有养老功能的年金产品有减税政策，从这方面也可以反映出英国寿险市场相对成熟，年金产品具有的社会稳定器功能被政府所看重。

第三节　日本商业人寿保险税法制度

日本的商业人寿保险发展至今已经非常成熟，世界寿险保费收入的9.9%由日本寿险市场贡献，保费深度和密度居世界前列，而且同属亚洲国家，在寿险市场的发展包括保险文化上与我国有一定的相似之处，对我国的人寿保险税制有借鉴作用，故对其进行研究。

一、日本寿险公司所得税规定

公司所得税①主要法源是法人税法和租税特别措施法。与世界上大多数国家作法总体上并无不同，具体到寿险公司，日本政府对寿险公司净所得额征税与一般公司所得税征收适用于相同的税法，即对其保费收入和投资收入在内的所有所得征税。而且，日本公司所得税承保利润的核算其他企业大体相同，同样采取权责发生制原则，在每个财政年度结束后的两个月内汇算清缴法人税。只是基于保险行业的特殊性质，在税前列支项目标准上有一些特殊规定，主要表现在可在税前列支责任准备金、赔款准备金以及向行业基金缴纳的款项。

---

① 在日本，公司所得税又被称为法人税。

　　具体而言，可以扣除的有：在费用方面，包括经营管理费用、分保保费；在责任准备金方面，包括责任准备金、已发生已报案未决赔款准备金、分红特储；在资产增值方面，准备金的增值部分、即将支付给保单持有人的保单红利。但同时也明确指出，已发生未报案未决赔款准备金（IBNR）和价格变动准备金不能扣减。

　　日本的寿险公司需要同时缴纳统一税率为 30% 的国税和地方税两种企业所得税。即便寿险公司无应税所得，也需要根据公司规模均摊地方税。合计两种税，导致日本寿险公司所承担的企业所得税税率实际约为 29.74%。[1] 日本寿险业税收遵从基本企业所得税税率为 23.2%，但对不同规模的寿险公司，税率有所区分，规律是越大的寿险企业适用税率越高，规模小的寿险企业反之。例如对资本总额在 1 亿日元以下的中小保险企业，如果年应纳税所得额低于 800 万日元，适用 15% 的企业所得税税率；而对于年应纳税所得额高于 800 万日元的寿险公司，税率上升为 23.2%。

　　同时，针对日本本国的寿险公司，日本税法规定，分红收入的 50% 可以税前扣除；保单持有人红利可以全额在第二年税前扣除，但是如果前一年没有分红给保单持有人，那么就要缴税。倘若寿险公司对外分保，那么再保险的保费一般可以税前扣除，但在保险的索赔一般要缴税。

二、日本被保险方层面的个人所得税规定

　　按照寿险交易资金流程，日本寿险关于寿险交易被保险方的税收政策主要围绕投保人缴纳的保费和受益人获得的保险金给付的税收政策两方面展开，下面主要从这两个方面对日本保险客户的所得税税收待遇进行分析。

（一）投保人缴纳保险费方面

　　投保人缴纳保费是寿险交易资金流程的第一个环节，日本政府允

---

[1]　日本财务省官方网站，http://www.mof.go.jp/index.htm。

许在寿险投保人保费支付环节的税前扣除。因为在日本，人寿保险被视为国家养老体系和社会福利制度的一部分，理应享有政府提供的税优倾斜与政策扶持。尤其是在日本老龄化形势严峻的情况下，对个人储蓄性养老保险给予税收政策支持，可以鼓励居民投保。在扣除的方式上，日本采用数量限制法，即仅允许保费在未超过限额部分的范围内税前扣除。

按所得税法的规定，日本个人所得税实行分类综合课税制度，① 表现为投保人为自己、配偶或其他亲属购买的保险保费，只要符合养老和医疗特征都允许在税前全额扣除，而无论购买的险种性质是属于社会保障还是商业健康保险。这就使得投保人购买的国民健康保险、国民养老保险②、和失业保险等社会保险，厚生养老年金③、商业健康保险的保费支出，都可从个人应纳所得中全额扣除。对于雇主给员工购买社会保险所交纳的保费，也可以作为雇主的所得费用扣除。而对商业人寿保险部分，税收政策便趋于谨慎了，只允许纳税人用于交纳生命保险④的保费抵扣一部分应纳税所得。而且对险种、抵扣金额的上限都有明确界定。

根据日本的《所得税法》以及该法的实施细则、实施命令，生命保费和个人年金的税收优惠计算方法如表 3.3 所示。具体为个人支付的商业养老保险费保费为 2.5 万日元内可全额扣除；保费在 2.5 万~5 万日元时，按保费的 50% 加上 1.25 万日元扣除；保费在 5 万~10 万日元时，按保费的 25% 加 2.5 万日元扣除；10 万日元以上的，一律扣除 5 万日元。例如：生命保险和个人年金保险的保费的最高扣减额分别是 5 万日元，因此，两种保险的最高扣减额的总计为 10 万日元。

54

---

① 分类综合课税制度是根据纳税人的各项特定所得先征收一定比例的分类所得税，然后再综合纳税人的全年各项所得额，如果达到了一定课税额度标准，就使用统一的累进税率课以综合所得税，并扣除掉以前已经交过的分类税收，多补少退。个人所得税也设立了不少扣除项目，为照顾低收入者的生活需要，分成基础扣除、配偶扣除、扶养扣除、残疾扣除和老人扣除等。

② 日本的国民养老保险又称基础养老保险，凡年满 20 岁以上、65 岁以下公民必须参加人保。

③ 厚生养老年金是在国民养老保险的基础上设定的一种附加年金，投保对象限定工薪阶层，强制性要求加入厚生养老年金，保费分别由政府、企业、个人共同负担。

④ 相当于我国的人寿保险。

表 3.3　　　从所得税（国税）的征税基数扣除人寿保险保费的方法

情况	已支付保费额	扣除金额
只有普通的 人寿保险保费时	25000 日元以下	所支付保费全额
	25000～50000 日元以下	所支付保费的合计 ×1/2 + 12500 日元
	50000～100000 日元以下	所支付保费的合计 ×1/4 + 25000 日元
	100000 日元及以上	一律为 50000 日元
只有个人年金 保费时	由上述的计算办法算出来的金额	
两个同时有时	两者合计的金额（最高限额 100000 日元）	

资料来源：根据日本《所得税法》绘制。

在征收地方税时，单独购买生命保险和个人年金保险的保费的扣除额相同，最高不得超过 3.5 万日元，如果两种保险同时购买，最高扣减额可以升为 10 万日元，如表 3.4 所示。我们发现，同时购买的最高扣减额大于单独购买情况下的扣减总和，其主要目的在于制度设计者鼓励投保人能够通过自行购买寿险产品，对未来的养老等问题提前安排，从而在个人和家庭角度保证财务稳定性，进而减少社会不安定因素。

55

表 3.4　　　从所得税（地方税）的征税基数扣除人寿保险保费的方法

情况	已支付保费额	扣除金额
只有普通的 人寿保险保费时	15000 日元以下	所支付保费全额
	15000～40000 日元以下	所支付保费的合计 ×1/2 + 7500 日元
	40000～70000 日元以下	所支付保费的合计 ×1/4 + 17500 日元
	70000 日元及以上	一律为 35000 日元
只有个人年金 保费时	由上述的计算办法算出来的金额	
两个同时购买	两者合计的金额（最高限额 100000 日元）	

资料来源：根据日本《地方税法》绘制。

（二）受益人领取保险给付金方面

在日本，无论是领取死亡保险给付金还是生存保险给付金，都会涉及该给付金作为课税对象的性质归属问题。对受益人来说给付金属于所得、赠与或是继承，涉及不同的适用税制。这就需要根据保险事故种类，以及投保人、被保险人、受益人三者之间的关系来划分。以死亡保险金为例，具体见表3.5。假设甲和乙之间存在继承关系，而甲与丙之间不存在继承关系，只存在赠与关系，那么甲作为被保险人死亡后，则乙作为受益人获得保险金，该保险金具有遗产性质，可享受税收优惠，即可以扣除法定继承人数乘以500万日元①的部分，而且如果以年金方式领取，则可以按照年度所得征收所得税；若乙作为被保险人，甲同时作为投保人和受益人，当乙死亡后，甲获取的保险金视同"投资回报"计入应纳税所得，需要缴纳所得税；若受益人为没有继承关系的第三人丙，则乙死亡后，将丙获得的保险金视为赠与，应征赠与税。如果是非死亡保险，还有一种情况：被保险人和受益人为乙，当发生满足保险给付条件时，乙获得由甲出资购买的保险的给付金，这明显属于财产的无偿转移，需要缴纳赠与税。但保障内容如果包括伤残、健康、住院，由这些事故导致乙受到伤害获得给付时，或者受益人需要抚养被保险人直至终身时，可以全额免征所得税。

56

表3.5　　　　　　　　日本保险合同内容与使用税种的关系

合同内容	合同当事人和关系人			适用税种
	投保人	被保险人	受益人	
投保人和保险人相同	甲	甲	乙	继承税
投保人即受益人	甲	乙	甲	所得税
投保人、被保险人及受益人为不同人	甲	乙	丙	赠与税

三、日本所得税制的特点小结

日本的所得税制的特点在于对人寿保险公司较为严格苛刻而对被保

① 日本税法对保费的给付还规定：一个家庭参加两全保险，领取死亡保险金，每人可以扣除500万日元不征税；领取满期保险金、解约退保金可扣除50万日元不纳税。领取全残保险金、住院给付金和手术诊治金可以不纳税。

险方税收优惠明显，这表现在扣除项和适用税率方面。对人寿保险公司，除正常的准备金和分红可以扣除外，对已发生未报案的责任准备金不予扣除，并且对保险企业征收的所得税总和实际在 29.74% 左右，即便是对小型人寿保险公司有税收优惠，其实际所得税总和也在 21.54% 左右。对被保险方，可以享受税收优惠的险种范围较广，除了类似英国对养老型的年金保险有税收优惠外，还包括储蓄型的人寿保险，根据所交保费的大小，可以在税前部分或全部扣除。但另一方面，日本对保险给付金的领取时的所得税规定却是最详细的，根据合同当事人和关系人的不同关系，对保险给付金的性质做了明确约定，并对不同性质的给付金按不同的所得税制度征收。

针对日本商业人寿保险市场成熟、公司数量繁多、保险深度和密度都高的现状，日本的寿险所得税制较真实地反映了市场和文化氛围。因为市场竞争激烈，市场中的存量险企实力和技术雄厚，通过对保险公司征收较高的所得税和较苛刻的税前扣除，可以对进入市场的寿险公司质量起到促进作用；日本的储蓄习惯相似于中国，对被保险方的税收优惠恰好反映了这个文化，有利于被保险方通过商业人寿保险对自己的养老和家庭的储蓄提前作出安排，而明晰的所得税规定有助于实现社会公平。

第四节　我国商业人寿保险所得税制与美英日的比较

我国使用的法律较多借鉴大陆法系，因此我国的人寿保险方面的税收更为接近日本，只有部分内容与美英有类似处。但是从整体的角度讲，因为我国的市场经济尚在快速发展，人寿保险业还存在较大发展空间，人寿保险市场总体呈现寡头垄断型，我国人寿保险方面的税收制度与发达国家还是有较大差别。

一、人寿保险公司的企业所得税国际比较

（一）我国所得税税率过于单一

我国对人寿保险公司采用 25% 的统一所得税税率，没有公司规模、

57

经营种类的区别。而美国，保险企业通常受制于适用于其他商业公司的相同的税法，即按八级超额累进税率①和比例税率缴纳所得税税款，对不同所得税基的情况设定了不同的税率。在英国，需缴纳企业税的人寿保险公司扣除所得税减免后按英国的主要税率18%缴税（英国政府已经于2021年财政部新预算案提出，从2023财年开始，利润丰厚的大企业将被征税25%，但占企业总数70%的小企业仍维持18%的现行税率）。而日本对中小寿险企业使用明显低的税率，即对所得税基小于800万日元的寿险企业，税率从23.2%降为15%。这些规律都透露出保险发达国家的人寿保险公司的所得税税率更适合扶植小型保险企业，并且抑制保险企业两极分化。

在寿险企业所得税方面，我国所体现的特点是税率低而简单，只有一个25%的税率适用于所有寿险机构的所有情况，税率并不高。但是，在征收方法上就比较单一了，对公司规模和组织性质没有区分，从所得税制度上，看不出政府对不同企业的发展态度，也看不出其对寿险市场的认识程度。所以，间接导致了我国寿险市场上公司雷同、寿险产品雷同的现象，直接的后果就是人民群众在选择寿险产品时很难找到需要的那一款产品。虽然我国的所得税税率却有着简单易行的优势，暂时符合我国现阶段保险企业为寡头垄断市场的现状。② 但是，随着我国市场经济的发展，未来我国的人寿保险市场应该趋于垄断竞争型，因此，有必要借鉴外国经验，通过税收的改革扶植新建的小型保险公司。

（二）应税税基大体相同

我国的应税基础大体同美国、日本相似，为总收入与精算准备金（日本采用总收入与费用）的差额，而英国则对调整后的投资收入与投资费用的差额征税。但是，需要注意我国和美国对精算准备金的定义并不一致。显然英国的处理理念是更合理的，把保费收入应该视为部分用于给付，而不应当成为保险公司全部的收入。

---

① 具体为：5万美元以下的部分税率为15%，5万到7.5万美元部分为25%，7.5万到10万美元、10万到33.5万美元、33.5万到1000万美元、1000万到1500万美元、1500万到1833万美元分别为34%、39%、34%、35%、38%，大于1833万为35%。

② 我国小型保险公司份额极少，并且以税收优惠扶持小型保险公司，其也难以面对市场中的寡头公司的竞争。

（三）我国的寿险企业所得税扣除项比较粗糙

美国明确规定人寿保险公司对保单持有人的红利分配可以无限减免公司的所得税，并且死亡保险金给付、寿险准备金增加、展业费用也在扣除范围之内；并对小于5亿美元的小型寿险公司在税基上有进一步的扣减优惠。日本则准许人寿保险公司分红收入的50%可以税前扣除；保单持有人的红利分配可以全额在第二年公司纳税钱扣除，但是如果前一年公司没有分红给保单持有人，那么就要缴纳所得税。英国虽没有相关规定，因为英国政府不对保费收入部分征税，实质上已经对于保险公司的赔付剩余（分红的来源）进行了免税。这种减免税收的办法显然利于引导人寿保险公司将纯保费收入的剩余返还给保单持有人，一方面，这些规定符合纯保费作为保险事故的给付的定义，也促进了保险人与保单持有人之间的公平；另一方面，人寿保险的保险人显然是价格信息的垄断方，这种税收方式也很好避免保险人将税负通过保费，从而制定过高的费率转移给被保险方。

另外，美国对于相互保险公司又进行有条件的所得税税收减免。日本的人寿保险公司支付的再保险保费可以税前扣除。①

我国在扣除项方面，虽然寿险准备金、保险保障基金也可以在税前扣除，但是我国的"寿险准备金"与上述三个国家的"寿险准备金"的含义是不同的，不包括用于突发灾害的总准备金和未决赔款准备金，也就是说我国用于抵御非常规灾害的一部分寿险准备金和来年的一部分赔款是从当期税后利润中提取的。

下面以表3.6来较为直观地列出我国人寿保险公司所得税与上述三个发达国家的比较。

表3.6　　　　　　　　　人寿保险公司所得税国际比较表

比较项	中国	美国	英国	日本
所得税征收方法	单一	8级超额累进	单一 2023年开始分大小公司征收	单一 对小企业有优惠
所得税率	25%	总体15%～38%	18%	29.74%

---

① 但收取的再保险赔付一般要进行纳税。

比较项	中国	美国	英国	日本
税基	总收入 - 精算准备金		调整后的投资收入	总收入 - 费用
其他扣除	规定不清	对保单持有人的红利可以无限减免税务	无	对保单持有人的红利可抵免第二年的税收
重复征收	存在	保费税可扣减	无营业税	不存在

从上面对比发现，我国寿险所得税制度与美英日寿险所得税制的差距主要体现规定不清晰，主要原因在于没有对寿险市场和寿险公司的运作方式做细致的调研，对寿险现象无法理解造成的。如果说所得税率单一，影响的只是寿险业内部产品，造成产品间的不平衡的话，那么在扣除项上的含糊不清就直接影响了税负公平，使实质课税原则成为虚无，造成了寿险在金融业内部行业发展的不平衡，资本流动的不平衡。所以表面上看税率低，而扣除项少，却导致实际上税负并不低。这一点应该借鉴美国经验，对应急准备金（我国称为总准备金）和未决赔款在税前扣除。

二、与人寿保险相关的个人所得税的国际比较

（一）我国对购买寿险商品的减税政策不全面

我国《财政部　人力资源社会保障部　国家税务总局关于企业年金　职业年金个人所得税有关问题的通知》规定：企业和事业单位（以下统称"单位"）根据国家有关政策规定的办法和标准，为在本单位任职或者受雇的全体职工缴付的企业年金或职业年金（以下统称"年金"）单位缴费部分，在计入个人账户时，个人暂不缴纳个人所得税。个人根据国家有关政策规定缴付的企业年金个人缴费部分，在不超过本人缴费工资计税基数的4%标准内的部分，暂从个人当期的应纳税所得额中扣除。超过本通知第一条第1项和第2项规定的标准缴付的年金单位缴费和个人缴费部分，应并入个人当期的工资、薪金所得，依法计征个人所得税。年金基金投资运营收益分配计入个人账户时，个人暂

不缴纳个人所得税。但对个人购买商业年金保险或其他商业寿险却无税前扣除的规定。

在美国，对购买面向个人的人寿保险从未实行过减税。但是现在，美国政府对非雇主提供的退休计划的小部分低收入职工实行所得税扣减。大致上可扣减最高限额为 2000 美元。在英国，自 1984 年起取消减税以后，不论是个人购买寿险还是公司为员工购买的人寿保险的保费都不可以抵扣其个人所得税，[①] 但购买年金保险可以得到减税。在日本，在征收地方税时，同时购买的最高扣减额大于单独购买情况下的扣减总和的方法鼓励投保人能够通过自行购买寿险产品，特别是对个人购买商业养老保险和商业医疗保险的保费支出进行税前扣除，鼓励对未来的养老、健康等问题提前进行安排，从而在个人和家庭角度保证财务稳定性，进而减少社会不安定因素。

（二）我国缺失获得保险给付金的个人所得税制度

我国目前对被保险人或受益人获取人寿保险金给付没有个人所得税的规定，一律不征税。美国采取综合课税的个人所得税模式，因此人寿保险金给付按税率缴税，[②] 在报税之后再根据纳税人具体情况退税或收取补税，需要缴税的情况包括分红利息收入、生存收益和带有明显高现金价值或保险期限过短的死亡给付。在英国，征收的人寿保险金给付要根据当年英国税收部门的规定来分类，并且对纳税人（保单持有人）的分类也极为细致且适用不同税收方法。英国税务部门表面上不对保险单持有人的生存收益、死亡收益、累积内部利息收益征收所得税，但是会对人寿保险公司的投资收益征税，因此可以说英国税务部门对保单持有人的累积内部利息收益征收间接税。在日本，投保人和被保险人相同，保险金给付按继承税方法来计算所得税；投保人和受益人相同，则按照日本的一般性个人所得税征收所得税；三者均不同，则采用赠予税方式征收，即便是死亡给付金也不例外。

61

---

① 在 1984 年以前，曾经可扣减保单持有人的应纳税额为所支付的保费的 15%（最多为 1500 英镑），或被保险人收入的 1/6，两者取其大。从这可看出英国税制是随着寿险市场的变化而变化的，适应市场变化规律。

② 一般人寿险的累积内部利息和死亡收益不收所得税。

　　总体来讲，我国与上述三个发达国家都是对保险金给付收入有减免税的规章，而我国因为暂时没有相关规定，采取一律不征所得税的方法，相较三个发达国家有更为突出的税收减免。

　　表 3.7 较为直观地显示出我国与人寿保险相关的个人所得税与上述三个保险发达国家的比较。

表 3.7 　　　　　　**与人寿保险相关的个人所得税的国际比较**

项目	中国	美国	英国	日本
保费抵税	可以，仅对年金	一般不可	不可	可以，不超过 50000 日元
累计内部利息纳税	无	无	无，但存在间接税	无
死亡收益	无	无	无	无
生存收益	无	有	无，有例外	有，有条件
征税特点	以个人为单位	可以家庭为单位	纳税人分类细致	不同类保单征税标准不同

　　通过四个国家个人所得税制的对比发现，我国对保险给付金一律不征个人所得税的做法看似是一种税收优惠和对寿险市场发展的鼓励，但是，从税制建设的角度来看，是不完善和不科学的。人寿保险险种在运作方式、购买目的、账户安排、现金价值累计方式方面，区别甚大，采取"一刀切"地免除所得税，实际上有违实质课税原则，根本原因还是对寿险运作规律不了解造成的，无法达到保险发达国家针对寿险所得税制的细致设计。后果是高收入家庭或个人可以通过购买投资型的寿险产品获得投资利益而不用缴纳任何所得税。

（三）我国对纳税人的分类没有考虑到寿险存在的情况

　　我国对纳税人的情况分类完全依据《中华人民共和国个人所得税法》和相关规定，采取累进制的方式课税，而不是以家庭为单位，这种处理方法在面对其他投资或收入时，也许还可以适用，但对于寿险这种特殊商品来说，就不适用了。主要原因在于寿险产品的投保人、被保险人和受益人很多情况下不是同一个人，但很多情况下都属于同一个家庭。这就导致课税的客体是家庭所得，而征税的依据却是按单个人制定的。这方面美国模式是最吻合寿险规律的，而其他两个国家虽然没有以家庭为纳税单位，却对纳税人进行了细分，或划分不同的征税标准，所得税制也能体现出对不同收入群体的差异性来。

第四章

我国寿险业、银行业与证券业 所得税制的比较

延续本书两条主线的思路，本章继续从寿险公司作为经营主体和被保险方作为购买或投资主体两个方面，分别从企业所得税和个人所得税两条主线比较保险、银行和证券三个行业所得税制。在金融综合成为趋势的今天，金融的三个主流行业业务出现相似之处。人寿保险的储蓄型险种具有类似于银行存贷业务的特征，人寿保险的投资型险种具有类似于证券类业务的特征，具体而言，投资连结保险更类似于基金，将保险账户分成保障和投资两个账户，保险金额的大小完全根据投资账户的余额来调整；万能寿险的结算利率虽是浮动的，但总是高于同期定存利率，究其原因是投资流向了银行定存和国债；还有分红保险的所得税是否与股票分红的所得税征缴有联系。

第一节　我国商业人寿保险 所得税法律制度

我国并没有专门的商业人寿保险税法，之前商业寿险税收法律制度主要分散在增值税和所得税两个方面的法律规定中。依据 1993 年版《中华人民共和国增值税暂行条例》（2017 修订），保险公司只有在处理

其自身办公用品这种情况下，才适用增值税条例约束。① 2016 年国家税务总局发布的《财政部国家税务总局关于全面推开营业税改增值税的通知》中规定，自 2016 年 5 月 1 日起，在全国范围内全面推开营业税改征增值税（以下称营改增）试点，建筑业、房地产业、金融业、生活服务业等全部营业税纳税人，纳入试点范围，由缴纳营业税改为缴纳增值税。虽然保险业营业税改成增值税，但其税收方式本质上并未改变。而跟营业税一样增值税是在所得税之前扣除的，所得税的税基是基于增值税扣除后的部分，增值税也会对所得税基产生影响，鉴于这个原因，在讨论所得税时涉及对寿险的增值税进行简单阐述。

一、寿险所得税的法律法规②

对待保险业和保险业务，我国一直采取的是把保险公司与一般商业企业同等对待，无差别地征收企业所得税，对个人投保保险业务也没有税前扣除的政策。

（一）针对寿险公司的企业所得税法规

目前我国境内的保险企业遵循的是 25% 的企业所得税税率和统一的税前扣除办法。其中，收入总额的计算与一般商业公司并无不同，均按《中华人民共和国企业所得税法》第 3 条的规定确定，但在扣除项目上还是针对寿险业的特点部分体现了差异化，在寿险准备金、保险保障基金、呆账坏账损失③、业务宣传费等项目上，扣除的比例则适用国务院财政部及国家税务总局的特殊规定。④ 除寿险准备金外，其他的扣除都是以实收保费为基数，给出了各项在实收保费中的比例。具体为手

---

① 根据现有增值税法规定，保险公司销售电脑设备、办公桌椅等旧货及其他固定资产一律按 4% 的税率计算税额再减半征收增值税；超过原值销售自己使用过的应纳消费税的机动车、摩托车、游艇，按 4% 的税率计算税额再减半征收，售价低于原值的免征增值税；保险公司出售物料用品按 6% 的税率征收增值税。

② 本书讨论的是寿险公司经营寿险业务和投保人购买寿险产品而承受的所得税负，与寿险公司的其他相关者，如：保险代理人、经纪人等所得税不在本书讨论范围之内。

③ 由于本书论述的是寿险业务，不涉及保险公司保单贷款业务，故不往下深入阐述。

④ 参见《关于保险企业所得税若干问题的通知》《关于加强金融保险企业呆帐坏帐损失税前扣除管理问题的通知》《关于金融保险企业所得税若干问题的通知》《财政部、国家税务总局关于保险公司缴纳保险保障基金所得税税前扣除问题的通知》等规定。

续费及佣金支出按人身保险企业当年全部保费收入扣除退保金等之后余额的 10% 计算保额；开业满 3 年的寿险企业业务宣传费上限为 6‰，不满 3 年的上限为 9‰；保证收益的寿险业务保险保障基金扣除上限为 0.15%，不保证收益的寿险业务扣除上限为 0.05%。

（二）针对保单持有人的个人所得税法规

涉及寿险的个人所得税的缴纳和征收依据《中华人民共和国个人所得税法》和相关规定中，仅有一项是明确可以免征所得税的，那就是个人所获得的保险给付金。除此之外，对个人在商业寿险方面的所得就没有任何约定了。在 1998 年颁布的相关文件中，曾经把个人购买储蓄型所获得的利差收益作为其他收入所得应税项目，由寿险公司代缴所得税。[1] 但后来由于取消利息税，对储蓄型寿险和之后产生的投资型寿险产品所产生的投资回报征税与否，均未有明确的规定，目前的情况是均不征税。

而对于企业为员工购买商业人寿保险，除投保企业年金支出可以在税前扣除一部分[2]外，其他均不扣除。

二、过大的寿险增值税影响了保障型寿险所得税税基的科学性

根据寿险通常所依据的《营业税税目税率》，把寿险业的增值税统一放在金融业的框架下进行管理，对金融保险业规定了增值税税目并规定了统一的税率 5%，对人寿保险业在营业额核算方面，规定了保险公司以经营保险业务向投保人收取的全部价款和价外费用作为计税依据，

---

① 如国税函〔1998〕546 号规定：对保险公司按投保金额，以银行同期储蓄存款利率支付给在保期内未出险的人寿保险保户的利息（或其他名义支付的类似收入），按"其他所得"应税项目征收个人所得税，税款由支付利息的保险公司代扣代缴。据《国家税务总局关于个人所得税有关问题的批复》第 1 条规定，企业为全体雇员支付的补充养老保险费计入个人工资、薪金所得，应缴纳个人所得税。

② 参见国务院 1995 年 3 月 1 日的《关于深化职工养老保险制度改革的通知》、《中华人民共和国企业所得税暂行条例实施细则》第 16 条、《企业所得税税前扣除办法》第 49 条、第 50 条。企业年金的除外规定见《国家税务总局关于执行〈企业会计制度〉需要明确的有关所得问题的通知》第 5 条，企业为全体雇员按国务院或省级人民政府规定的比例或标准缴纳的补充养老保险、补充医疗保险，可以在税前扣除。

按月纳税。如果涉及再保险业务，原保险人发生了分保费支出，对再保险人来说即为保费收入，此时再保险人获得的分保费不再征收增值税，而由原保险人代缴；① 如果属于储金类业务，其营业额为储金利息。②

在寿险业税收扣除方面，财政部分 27 次③发布了免征营业税的人身保险产品名单，此政策在增值税实施阶段继续沿用。详细到寿险公司的险种，主要集中在保险公司开办的 1 年期以上（含 1 年期）返还性人身保险业务④和个人投资分红保险业务，⑤ 其中保障型寿险是不属于返还性人身保险的。

在产品名单中仍然没有出现以定期寿险为代表的保障型寿险产品。通过第五章的实证分析发现，现行寿险业务增值税税基竟然是按实际营业收入计算的真实税基的 50 倍，相应地，保费中增值税是应征的 50 倍，而比照同资金量的银行业务，增值税达到了其 166.67 倍（详细过程请见第六章）。这样，过大的增值税使得所得税税基科学性大大降低，对所得税制的客观性造成不利影响。

营业税改成增值税后，2019 年财政部、国家税务总局发出《关于明确养老机构免征增值税等政策的通知》，进一步明确了保险公司开办一年期以上返还性人身保险产品免征增值税的情况。基本沿用了免征营业税的人身保险产品名单，即保险公司开办一年期以上返还性人身保险

---

① 根据当时的《营业税税目税率表》规定，金融保险业适用税率5%。
② 《国家税务总局关于印发〈金融保险业营业税申报管理办法〉的通知》第16条（二）：保险公司如采用收取储金方式取得经济利益的（即以被保险人所交保险资金的利息收入作为保费收入，保险期满后将保险资金本金返还被保险人），其"储金业务"的营业额，为纳税人在纳税期内的储金平均余额乘以人民银行公布的一年期存款的月利率。储金平均余额为纳税期（一个月）期初储金余额与期末余额之和乘以50%。用公式表示，储金利息＝（期初余额＋期末余额）÷2×一年定期利率÷12。
③ 参见《国家税务总局关于发布免征营业税的一年期以上返还性人身保险产品名单（第27批）的通知》。
④ 返还性人身保险业务指1年期以上返还本利的普通人寿保险、养老保险金保险、健康保险。有关税收规定，参见《财政部、国家税务总局关于人寿保险业务免征营业税若干问题的通知》及《财政部、国家税务总局关于保险公司开办的一年期以上返还性人身保险险种免征营业税的通知》、《财政部、国家税务总局关于下发免征营业税的一年期以上返还性人身保险产品名单（第16批）的通知》等先后公布的16个此类通知。
⑤ 参见《财政部、国家税务总局关于对保险公司开办个人投资分红保险业务取得的保费收入免征营业税的通知》：个人投资分红保险，是指保险人向投保人提供的具有死亡、伤残等高度保障的长期人寿保险业务，保险期满后，保险人还应向投保人提供投资收益分红。

产品，在保险监管部门出具备案回执或批复文件前依法取得的保费收入，属于两部门规定免征增值税的项目。

第二节　我国商业银行所得税法律制度

一、我国商业银行企业所得税有关法规政策

银行业所得税适用法规与保险业总体情况类似，既有统一的行政法规，又有针对银行特殊业务的专门规定，在这一节中，我将关于银行业的所得税的规定大致分为三部分：一般规定、专门规定和税收优惠来分别讨论。

（一）一般规定

随着我国所得税制度的不断完善，我国银行企业所得税适用税率在2007 年 3 月《中华人民共和国企业所得税法》最终降至 25%。

（二）专门规定

专门规定主要是针对银行的特殊业务而制定的，主要包括贷款损失准备和应收利息两个科目：

1. 贷款损失准备

贷款损失准备主要针对银行的存贷业务中，银行在会计期末综合借款人各方面因素，分析借款人坏账风险，评估其还款能力，而在资金上所做的准备安排。最终以判断其可能性而做出是否发生减值的判断。如有客观证据表明其发生了减值，应对其计提贷款损失准备。

根据《金融企业贷款损失准备金企业所得税税前扣除政策的通知》要求，允许银行按 1% 的贷款余额与上年度已经计提的贷款损失准备金之差对本年度贷款损失准备金进行调整。如果差额为正，则增加本年度贷款损失准备金，相应地在应纳税所得额中扣除；如果差额为负，则反之。

2. 贷款应收未收利息收入

应收未收利息指金融机构对借款人发放贷款后当期应收取而未收到的利息。收取利息是银行的主要业务和收入来源之一，随着我国金融体制改革、会计核算体系变化，相关制度也多次变化。《国家税务总局关于金融企业贷款利息收入确认问题的公告》规定了贷款应收未收利息收入的两种情况的处理方法。第一种情况是，如果应收利息超过 90 天还未收回，即便已经在账面上确认了属于利息收入，也允许银行企业在当期应纳税所得额中扣除；第二种情况与第一种情况正好相反，如果该应收利息又于以后年度收回了，则应该计入收回年度的所得。

（三）税收优惠

税收优惠政策体现着国家对银行业的支持，对其发展有重大影响。目前，对银行业的税收优惠政策主要体现为对农村金融的税收支持。

在应税收入方面，为鼓励银行向农户贷款，刺激农业发展，对银行发放的农户小额贷款所收回的利息收入，只按 90% 的比例计入收入总额中；在扣除政策上，提高涉农贷款损失专项准备金的可扣除计提比例，例如：对关注类贷款，计提比例上升到 2%；对次级类贷款，比例上限为 25%；对可疑类贷款，比例更是达到了 50%；而对损失类贷款，该比例甚至可以达到 100%。这样，银行在进行这些贷款时的应税收入大大减少，通过扩大扣除力度，以弥补银行从事涉农业务成本支出更大的费用损失，对农业发展起到了间接支持作用。

二、我国商业银行企业所得税税基的确定

对于银行业来说，所得税税基是指银行所得税应纳税所得额。在税率一定的前提下，税基越大，企业应纳税所得额越多；税基越小，企业应纳税所得额越少。但是国家可以通过规定减免税、抵免税等形式减少银行应缴纳的所得税费用，支持保护银行业发展。根据《中华人民共和国企业所得税法》第 5 条的规定，商业银行的应纳税所得额等于收入总额减去各项免税收入和扣除额后的净收入。由于银行经营的特殊性，相应地也会表现在收入和支出中，所以在计算应纳税所得额时也需根据银行业务的实际情况确定其收入总和与各个扣除项，具体如下：

(一) 收入总额的确定

在我国，银行企业的收入主要分为营业收入和营业外收入①两部分。由于营业外收入与之后的保险业经营收入无类比性，故在本书中不再讨论。其中营业收入主要包括利息收入、中间业务收入、投资回报、汇兑收益以及其他业务收入。利息收入主要包括发放的各类贷款、与其他金融机构（中央银行、同业等）之间发生资金往来业务、买入返售金融资产等取得的利息收入。根据我国《企业会计准则第 30 号——财务报表列报》的规定，利息收入具体包括以下几个方面：①存放在同业的利息收入；②法定存款准备金的利息收入、结售汇周转金、指定生息资产；③拆出资金利息收入；④贷款利息收入，除银行发放的普通贷款外，还包括票据贴现、银团贷款、协议透支、转贷款等授信业务；⑤买入返售金融资产利息收入；⑥债券投资利息收入，银行债券投资持有期间取得的收入根据其业务性质分为"利息收入"和"投资收益"，属于债券投资利息收入的主要包括作为交易性金融资产的债券、持有至到期投资的债券和可供出售金融资产的债券。中间业务收入是除银行利息收入以外最主要的收入来源之一，一般是为客户办理中间业务时所收取的佣金及手续费。具体主要包括以下几项：办理结算业务、担保业务、咨询业务、代理保管等代理业务以及受托贷款、投资业务等取得的手续费和佣金。公允价值变动收益（损失）是进行金融资产交易时产生的价值变动和采用公允价值模式计量的衍生工具、套期保值业务中公允价值变动形成的应当计入当期损益的利得和损失。投资回报是银行对外进行长期股权投资和持有或者处置相关金融资产时所取得的收益。汇兑收益主要指银行外币交易时因汇率变动而产生的收益，主要的外币业务包括外币存贷款、外币兑换、外币同业拆借、国际结算、外汇担保等。

---

① 营业外收入主要是和银行日常经营活动无直接关系但应当计入收入总额内的各项净收入。营业外收入的种类很多，例如罚没得利、盘盈得利、政府补助得利、债务重组得利、捐赠收入等。除上述业务外，银行还有一项业务涉及多种类型的收入——福费延，即"包买票据"或"票据买断"。福费延收入主要包括贴现利息、宽限期贴现和承诺费。

（二）不征税收入的确定①

根据《中华人民共和国企业所得税法》第 7 条明确规定，财政拨款、政府性基金和委托银行代收的行政事业性收费，为不征税收入。

（三）免税收入的确定

根据《中华人民共和国企业所得税法》第 26 条以及《中华人民共和国企业所得税法实施条例》第 82 至 85 条，明确国债利息收入为免税收入；除此之外，商业银行还有一些收入属于免税，但涉及的业务与商业寿险业务没有类比关系，故不在此罗列。

（四）扣除额的确定

银行业在计算应纳税所得时需要扣除的各项支出，主要包括：支出的利息、费用②、税金③以及银行损失④。

目前，我国对存款人获得的存款利息收入免征个人所得税，所以不涉及储户方层面的个人所得税问题。

71

第三节　我国证券业的所得税法律制度

本节选取股票、债券和基金作为寿险比较对象的目的是从投资型寿险的三个产品构成和投资者目的来决定的，因为，分红保险的红利返还与股票的股利发放有一定的相似之处，万能保险与债券（特别是政府债）在现金价值的累积上有类同，投资连结保险与基金的盈利方式大同

---

① 不征税收入涉及的为银行的非商业性收入，此类收入无法与商业银行、商业保险公司和证券公司的经营业务类比，故不在本书的讨论范围之内。

② 银行费用是指银行在业务经营活动中和管理工作中发生的业务与管理费用，主要包括折旧费、业务宣传费、业务招待费、电子设备运转费、银行财产保险费、钞币运送费、安全防范费、职工工资及福利费、物业管理费等，但是已经计入经营成本的费用不在银行费用内。

③ 银行税金指银行发生的除企业所得税和允许抵扣的增值税以外的各项税金及其附加，主要包括印花税、营业税、城市维护建设税、教育费附加、土地使用费等。

④ 银行损失是指银行经营活动中发生的呆账损失，固定资产和存货的亏损、毁坏、报废损失，转让财产损失以及自然灾害等不可抗力的因素造成的损失以及其他损失。

小异。因为股票、债券和基金是证券市场的主要交易对象，故被称为基础证券，而且三者与寿险产品有原理上的类似之处，是本书研究的比较重点。所以，主要研究有关于基础证券交易、转让等行为所产生的所得税情况。

在纳税主体方面，本节主要研究证券业经营过程中涉及的纳税主体，即经营企业和投资者，对监管机构和自律组织等广义证券市场主体的纳税行为不在研究范围之内。在涉及税种方面，主要包括股息分配过程中所产生的个人或企业所得税，证券转让过程中产生的企业所得税。所以，本节分别对股票业务、债券业务和基金业务分企业所得税和个人所得税进行讨论。

一、股票业务所得税征缴制度

依据上面所提到的证券行业的所得税产生的三个过程来看，股票业务产生的所得主要是指股票交易利得和股票投资所得这两部分，本部分分别从企业所得税和个人所得税两方面来进行分析。

（一）股票交易利得

目前我国对股票交易利得的税务规定，集中体现在《中华人民共和国个人所得税法》和《中华人民共和国企业所得税法》等有关规定中。证券交易利得税，是指对证券买卖、置换以及其他处置活动形成的差价性收益课征的所得税，属于广义的资本利得税①范畴。

鉴于我国暂时还未征收资本利得税的实际情况，股票交易利得主要是在股票转让实现收入环节完成的。而交易利得的所得税分交易主体不同分为以下两个方面：

1. 企业所得税

《中华人民共和国企业所得税法》统一规定，我国的企业所得税的税率为25%；并且规定，企业以货币形式和非货币形式从各种来源取得的收入都计入收入总额。而《中华人民共和国企业所得税法实施条

---

① 资本利得税，是对资本利得征税。资本利得是指股票、土地、房屋、机器设备等资产的增值或出售而得到的净收益，在证券市场中习惯被看作证券交易过程中因买卖差价而取得的收益。

例》对转让财产收入作出了详细的规定，其中特指了转让"股权和债权"等财产取得的收入，这些收入也被计入总收入中。可见，企业转让股票获得价差收入，无论多少，都应该作为投资收益计入企业的纳税所得中去，并按 25% 的税率征收企业所得税。

2. 个人所得税

1994 年的《中华人民共和国个人所得税法》中就已经明确了个人投资股票，其所得属于个人所得税的征收范围。2011 年的《中华人民共和国个人所得税法》规定个人转让财产获得利益应计入纳税所得之中，个人所得税税率为 20%。但是国务院、财政部相继发文免征股票交易的个人所得税。所以，目前我国个人投资者在证券市场上转让股票的收入免征个人所得税。①

（二）股票投资所得

股票投资取得的股息和红利所得被列入我国企业所得税和个人所得税的征税范围。股票投资所得税又叫股票投资收益所得税，是指股票投资活动中，对在特定时期内因持有股票而获得的资金使用报酬（例如利息、股息以及其他分红等）等投资收益所征收的所得税。在股票市场是主要表现为把股息和红利所得作为课税对象的所得税。此外，从股票市场的运行环节来说，股票投资所得主要是在股息、红利分配环节实现的，而这个环节所产生的所得税也根据纳税主体的不同分为以下两个方面：

1. 企业投资股票的企业所得税

按照 2007 年的《中华人民共和国企业所得税法》，除了"对于符合条件的居民企业之间的股息、红利等权益性投资收益免征企业所得税"之外，其他企业法人股东，分享的股息、红利应作为企业的其他所得纳入应税所得，按 25% 的税率征收企业所得税。

2. 个人投资者的个人所得税

目前税法规定，我国个人在证券市场获得利息、股息、红利所得，应根据股民持股的实际情况全部或部分纳入应税所得额，并以 20% 的

73

---

① 参见《财政部国家税务总局关于个人转让股票所得继续暂免征收个人所得税的通知》中明确指出："为了配合企业改制，促进股票市场的稳健发展，经报国务院批准，从 1997 年 1 月 1 日起，对个人转让上市公司股票取得的所得继续暂免征收个人所得税。"

税率交纳个人所得税。

全部纳入应税所得的情况是指个人在二级市场上通过交易持有股票所获得的利息、股息和红利均属投资行为；而部分计入纳税所得情况是基于约束投机行为，在 2012 年财政部、国家税务总局和证监会三部门联合颁布的《关于实施上市公司股息红利差别化个人所得税政策有关问题的通知》，该通知对持有股票的期限作了界定，根据不同的持有期间，对其获得的股息等所得采取不同比例的所得税减免政策。持股一个月以内的，没有任何减免；对持有 1 个月至 1 年的，只计算 50% 的所得为应税所得；如果持有期限超过了 1 年，则缴税比例进一步降低到 25% 。

二、债券市场所得税征缴制度

投资者投资债券产品，最主要的投资收益来自债券的利息收益和资本利得。而根据上文的介绍，我们可以知道我国对于投资者的资本利得是不征收企业所得税的，因而研究债券市场产生的所得主要是交易环节中转让产生的利得和投资环节的所得。

（一）债券交易利得

我国税法规定，在债券市场上转让债券产品而取得收益应该计入所得税中。债券产品根据其是否由政府发行而分为政府债券和非政府债券。

1. 政府债券

根据《关于企业国债投资业务企业所得税处理问题的公告》第二章第三款规定："企业转让国债，应作为转让财产，其取得的收益应作为企业应纳税所得额计算纳税。"根据《中华人民共和国企业所得税法》第四条和第六条第三款的规定，对于企业通过交易国债而取得的收益应该征收 25% 的企业所得税。对于个人在债券市场上进行国债转让的，也应根据《中华人民共和国个人所得税法》第二条第九款以及第三条第五款，对其征收 20% 的个人所得税。

2. 非政府债券

非政府债券①主要是指金融债券和企业债券。根据我国现行税法的规定，对于企业投资者转让非政府债券而获得的收益，应该征收 25% 的企业所得税。对于个人投资者转让非政府债券而获得的收益，应该征收 20% 的个人所得税。这里涉及的法律条文前面已经多次提到，这里不再赘述。

（二）债券投资所得

鉴于债券产品的特殊性，因而这里研究的投资所得主要是指债券产品到期后，投资者所获得的利息收益。

1. 政府债券

根据《中华人民共和国企业所得税法》第四章"税收优惠"第十六条第一款的规定，企业通过购买或者在二级市场上交易，进行国债投资而获得的国债利息收入免征企业所得税。同样的，根据《中华人民共和国个人所得税法》第四条第二款的规定，"对于个人投资国债或者国家发行的金融债券所获得的利息收入不征收个人所得税"。所以，根据我国现行税法的规定，对于企业和个人投资政府债券所获得的利息收入都不征收所得税。

2. 非政府债券

鉴于我国对于投资者在投资金融债券和企业债券所获得的利息收益有着不同的规定，故下面这部分将分别对其进行讨论。

（1）金融债券。根据 2001 年《财政部　国家税务总局关于国有独资商业银行、国家开发银行承购金融资产管理公司发行的专项债券利息收入免征税收问题的通知》的规定，对于中国工商银行、中国建设银行和国家开发银行购买金融资产管理公司发行的专项债券利息收入，免征企业所得税。没有进行特别规定的，则应该按照《中华人民共和国企业所得税法》第四条以及第六条第五款的规定，对企业投资非国家发行的金融债券所获得的投资收益征收 25% 的企业所得税。根据《中华人民共和国个人所得税法》第二条第七款以及第三条第五款的规定，对于个人投资金融债券取得的利息收入应该按照 20% 的税率

75

---

①　由于我国税法对于金融债券和企业债券在债券交易环节产生所得有一样的规定，作者就把其归纳为"非政府债券"并放在一起研究。

征收个人所得税。

（2）企业债券。根据我国现行税法的规定，对于企业投资企业债券所获得的利息收入应该按照 25％的税率征收企业所得税；对于个人投资企业债券所获得的利息收入应该按照 20％的税率征收个人所得税。

三、基金市场所得税征缴制度

基金是指为了达到筹集资金目的而设立的具备一定数量的资金。基金有广义和狭义之分，基于寿险中的投资连结保险与基金有着一定的类似程度，所以本节研究的基金主要是与投资连结保险相关的狭义上的证券投资基金的所得税法规。

我国目前证券市场上存在封闭式基金和开放式基金两种形式。1998年，财政部联合国家税务总局下发了《关于证券投资基金税收问题的通知》对封闭式证券投资基金的税收问题作出了规定，约束其税收行为。主要内容归纳于表 4.1。

表 4.1　　　　　　　封闭式证券投资基金所得税税收政策

投资者类型	买卖基金单位获得的收入	基金分配股票股息和红利等所得	基金分配国债票息、储蓄利息	基金分配企业债差价收入
基金管理人	对管理费征收 25％的企业所得税			
企业投资者	征收企业所得税	征收企业所得税（代扣代缴）	免征企业所得税	征收 25％企业所得税
个人投资者	免征个人所得税	征收个人所得税（代扣代缴）	免征个人所得税	免征个人所得税

2002年，为了约束开放式基金的税收行为，两部门联合下发了《关于开放式证券投资基金有关税收问题的通知》对开放式证券投资基金的税收问题作出了规定，主要内容归纳见表 4.2。

表 4. 2 开放式证券投资基金所得税税收政策

投资者类型	在二级市场交易基金单位	基金分配的股票股息和红利等所得	赎回基金单位差价收入
基金管理者	对管理费征收25%的企业所得税	—	—
企业投资者	—	征收25%的企业所得税（代扣代缴）	征收25%的企业所得税
个人投资者	—	征收20%的个人所得税（代扣代缴）	免征个人所得税

　　基金的所得税政策由于业务种类多，而且还有代扣代缴的情况，所以相对比较复杂。总的来说，无论封闭式基金还是开放式基金，获得的投资利得都是需要缴纳企业所得税和个人所得税的，而获得交易利得中，机构投资者需要缴纳 25% 的所得税，而个人投资者免缴个人所得税。

　　综合证券市场股票、债券和基金这三个与投资型人寿保险产品类似的业务的所得税政策，归纳如表 4.3。

表 4. 3 投资股票、债券和基金业务的企业所得税与个人所得税政策

收益种类	税种	股票	债券	基金
交易利得	企业所得税	25%	25%	25%
	个人所得税	免	20%	免
投资利得	企业所得税	25%	国债免，非国债25%	25%
	个人所得税	根据持有期长短分三种情况：小于1月，20%；1月至1年10%；大于1年25%	国债免，非国债20%	20%

　　在下一节中，将根据总结的证券业务所得税政策，把分红寿险与股票、万能寿险与债券、投资连结保险与基金的所得税政策分别进行定性比较。

第四节 我国寿险、银行、证券三业所得税制的比较

一、人寿保险业务与银行业务的企业所得税比较

与人寿保险公司相比，银行经营的业务比较多，例如存款、贷款、理财产品等，但是银行的最基本业务是储蓄业务，同时也是与金融消费者接触最紧密的业务，所以本书选择银行储蓄业务作为比较对象。保险的最基本只能是保障，而人寿保险公司最基本的险种是纯保障型和储蓄型险种。在大数法则的基础上，理论上保障型险种纯保费的期望与银行定期存款在期初的本金是相等的。人寿保险公司除了保障型险种与银行储蓄业务性质相同，其储蓄型险种在业务性质上也与银行储蓄型业务相似，均为到期返还本息和；不同的只是缴费方式、投资收益等。综上所述，本书选择保险公司的保障型险种和储蓄型险种作为与银行储蓄业务的比较对象，通过对银行和保险公司经营该业务的收入来源、营业成本以及核算所得时的税前扣除额的比较，说明人寿保险公司和银行企业所得税的不同。

（一）收入来源对比，两者类似

由于银行与人寿保险公司主营业务不同，所以银行储蓄业和寿险公司保障及储蓄型业务的收入来源也不同。银行的收入来源主要是利息收入，即银行将客户存储的本金贷给其他客户时所收取的贷款利息。其次是手续费及佣金收入，即为客户办理中间业务时所收取的费用，这是银行除利息收入以外最主要的收入来源之一。寿险公司的主营业务收入为保费收入，投资收益。保费收入主要包括纯保费收入和附加保费收入，其交费形式主要分为两种：纯保障型业务的保费收入大部分为趸交保费，储蓄型的保费收入分为趸交和期交两种形式。保费收入中的纯保费主要用于发生保险事故时的赔付支出，保险公司盈利则是需要依靠将附加保费用于投资所取得的投资收益。投资收益也

是寿险公司的主要收入来源之一。

（二）营业成本对比，寿险更高

银行在经营储蓄业务时所付出的成本主要是利息支出，即银行向个人以负债形式筹集的各类资金而支付的利息。保险公司在经营保障型产品时所付出的成本主要包括保险事故发生时支付的保险金以及在展业销售过程中的附加费用的支付；在经营储蓄型产品时，不仅包括保险金和附加费用的支付，还包括按照保险合同约定的预期收益率到期支付给被保险人的投资收益，成本更高。

（三）企业所得税税前扣除综合对比，对寿险管理更严格

1. 主要支出对比，两者类似

银行在计算应纳税所得额时主要扣除项为利息支出，主要包括吸收存款、向中央银行借款、发现债券等产生的利息支出。保险公司税前扣除项主要为寿险责任准备金和赔付支出。责任准备金主要是保险人为未到期且未发生保险事故的人寿保险责任而预先计提的准备金。寿险公司的赔付支出主要包括满期给付、死伤医疗给付、年金给付等。造成这部分的不同是由于这两种公司所经营业务的不同导致的。

2. 手续费及佣金支出对比，寿险管制较严格

银行的手续费及佣金是银行委托其他单位办理有关业务而发生的各项手续费支出，例如代办业务的手续费、银行卡手续费等。保险公司支出的手续费和佣金支付对象为各种保险中介机构。其中保险中介机构包括保险代理机构和保险经纪机构，保险代理机构又包括保险兼业代理和保险专业代理。从定义上就可以看出，保险公司的手续费及佣金支出种类较多。但在具体手续费及佣金扣除上，人身保险公司以保费收入扣除退保金后的余额的 10% 为限额；银行以合同约定收入金额的 5% 为限额。按照本章第一节的介绍，对扣除比例有着严格的限定，而且相比实际支出可扣除的比例较低。

除此以外，保险公司在向保险中介机构收取手续费时也有严格规定。保险公司支付费用的对象只能是合法的保险中介机构。当保险中介机构收到上述收入时应及时向保险公司开具发票，发票必须为《保险中

介服务统一发票》，不得开具自制收据凭证或者其他发票①。

3. 资产减值对比，寿险认可项目少

银行的资产减值中主要包括贷款损失、存货跌价、抵债资产减值、持有股权或固定资产的减值、无形资产减值等。保险公司的资产减值包括持有至到期投资减值、长期股权投资减值、可供出售金融资产固定资产减值、无形资产减值等。在税务处理过程中，根据《中华人民共和国企业所得税法实施条例》第55条规定：未经核定的各项资产减值准备、风险准备等准备金支出，在计算应纳税所得额时，不得扣除。但是根据《金融企业呆帐损失税前扣除管理办法》，银行计提的呆账准备是允许按限额进行扣除的。

4. 财产损失对比，寿险的认可项目较少

银行业的财产损失主要包括呆账损失和其他财产损失。呆账损失是指银行承担风险的债权或股权，经采取所有可能的措施和必要程序后仍实际形成的损失。根据我国《企业财产损失所得税前扣除管理办法》（讨论稿），符合银行呆账损失的大概有35种情况之多，可以看出银行业所面临的呆账损失风险较大，其税前扣除金额可能会比较大。在核算银行呆账损失时可以根据《金融企业呆账损失税前扣除管理办法》的规定：银行发生的呆账损失，顺序是应先冲抵税前扣除的呆账准备，如果准备不足，则剩余的可以进行税前扣除。保险公司同样具有呆账损失，例如存在拖欠的应收而未收的保费，但根据我国现行法律以及保险公司实务中，寿险公司财产损失中可以被认定为呆账损失的项目比较少。

银行的其他财产损失主要指现金、存货、固定资产等财产的损失，这部分类似于保险公司的资产损失。保险公司的资产损失主要包括出纳短款、非流动性资产损失、和债权、股权投资减值所产生的损失等。所以，对其他财产损失的待遇，两个行业基本一致，在一般情况下，银行和保险的这两部分损失无须经过税务机关批准，企业可以自行计算扣除。

5. 保险保障基金的扣除类似于存款准备金

保险保障基金指保险人为应付巨灾和巨损而引起的特大赔款而从保

---

① 参见《国家税务局、中国保险监督管理委员会关于规范保险中介服务法发票管理有关问题的通知》。

费收入中提存的准备金，① 是在规定情形下用于银保监会处理保险业发生的特殊财务情况，保护保单持有人的非政府性风险救助基金，属于保险业特有基金，类似于中央银行的存款准备金。对于人寿保险公司按照规定缴纳的保险保障基金，准予据实税前扣除，分有保证收益的和无保证收益的人寿保险两种情况，规定其扣除比例，在本章第一节已有论述，在此不再赘述。但对于人寿保险公司的保险保障基金余额达到公司总资产的 1% 后，其缴纳的保险保障基金不得在税前扣除。保险保障基金是保险公司特有的准备金，商业银行并没有，因此无所扣除。

二、人寿保险业务与证券业务的企业所得税制比较

（一）分红保险业务与股票业务的企业所得税制比较，两者基本相同

1. 从确定收入总额的角度比较，两者类似

首先，从经营者企业所得税的角度出发，来比较这两者之间的差异。股票产品是通过证券公司来提供给消费者的，而分红型人寿产品是保险公司提供给市场的。证券公司在提供股票产品交易服务的时候，所产生的主要收入包括手续费及佣金收入，投资收益，汇总收益。而保险公司在提供分红型人寿保险产品时候，所涉及的主要收入包括手续费及佣金收入，投资收益。在确定收入总额的这方面，证券公司就会比保险公司多一项"汇总收益"。这主要还是涉及保险公司是否在海外销售分红型人寿产品，而就目前我国的保险公司发展水平来看，这部分的收入是没有发生的。因此，两者相同。

其次，从机构投资者企业所得税的角度出发，来比较这两者之间的差异。机构投资者在购买股票产品时，所产生的收入主要是指投资收

81

---

① 保险保障基金属于保险组织的资本，主要是应付巨大灾害事故的特大赔款，只有在当年保费收入和其他准备金不足以赔付时方能运用。按照《保险保障基金管理办法》规定缴纳的保险保障基金企业所得税税前扣除问题明确如下：保险公司按下列规定缴纳的保险保障基金，准予据实税前扣除 a. 财产保险、意外伤害保险和短期健康保险业务，不得超过自留保费的 1%；b. 有保证利率的长期人寿保险和长期健康保险，不得超过自留保费的 0.15%；c. 无保证利率的长期人寿保险和长期健康保险，不得超过自留保费的 0.05%；d. 其他保险业务不得超过中国保监会规定的比例。

益。这里的投资收益主要包括两方面：一方面是指机构投资者在买卖或转让股票的过程中而产生的差价收益，另一方面是指机构投资者所获得的股息、红利的收益。而机构投资者在购买保险公司的分红型人寿保险产品时，所获取的收益主要是由保险公司的分红而来，应该纳为投资者投资这款保险理财产品的投资收益。因此，我们可以看出虽然购买分红型人寿产品的机构投资者的收益渠道相比较少，但机构投资者无论在购买分红保险还是在股票交易的过程中而产生的收益都是需要缴纳企业所得税的，只是如果投资企业在转让股票的过程中，发生净损失的，按照规定可以冲减当期的应纳税所得额。

2. 从不征税收入的角度分析，两者相同

从股票和分红型人寿保险的产品特性出发，证券公司和保险公司都不会在经营过程中产生不征税收入项目。而从机构投资者的角度出发，投资股票和购买分红型人寿保险产品同样也不会产生不征税收入项目。

3. 从免税收入的角度分析，两者相同

从经营者的角度来看，证券公司和保险公司在经营股票产品和分红型寿险产品时，并没有产生企业所得税免税收入的项目，因而对于两者来说都是不存在的。

从机构投资者的角度来看，购买股票的机构投资者可能从股票市场中获取投资收益在满足本章第三节中所述条件时，产生企业的所得属于免税收入。但是如果是机构投资者，购买了保险公司的分红型人寿保险产品，则就不存在符合免税收入中的项目。

4. 从扣除额的角度出发，两者基本相同

从经营主体来看，证券公司在股票销售的过程中应该扣除的主要包括手续费及佣金支出、营运费用、营业税、城市维护建设税、房产税、城镇土地使用税、固定资产投资方向调节税以及应交的教育费附加、因自然灾害等不可抗力因素造成的损失及其他损失等。而保险公司在销售分红型人寿保险产品时，除了要考出上述证券公司应扣除的项目外，还包括保险保障基金和救济性支出。这是保险公司所特有的。

从机构投资者的角度来看，投资人因投资股票以及购买分红型人寿保险产品是企业自身的投资行为，没有发生满足企业所得税扣除额的项目，因而不需要进行扣除。

5. 从允许弥补以前年度亏损的角度出发，两者相同

从经营主体来看，证券公司和保险公司都可以在上个会计年度或者以上各年净利润为负时，用本会计年度的税后净利润先覆盖这部分亏损后，剩下部分再作为可分配净利润，进行下一步的公积金计提、分红和课税。

从机构投资者的角度来看，投资者也有可以利用投资股票或者是分红型寿险产品的收益来弥补以前年度的亏损。这一点两者是没有区别的。

（二）万能人寿业务和债券业务的企业所得所得税制比较，两者基本相同

1. 从确定收入总额的角度比较，投资万能寿险有优惠

首先，从经营者的企业所得税制角度，来比较这两者之间的差异。证券公司在提供股票产品交易服务的时候，所产生的主要收入包括手续费及佣金收入，投资收益，汇总收益。而保险公司在经营万能人寿保险产品时候，所涉及的主要收入包括手续费及佣金收入，投资收益。在确定收入总额的这方面，证券公司就会比保险公司多一项"汇总收益"。同理，这主要还是涉及保险公司是否在海外销售万能人寿产品，而就目前我国的保险公司发展水平来看，这部分的收入是没有发生的。

其次，从机构投资者的角度来说，机构投资者在购买债券产品时，所产生的收入主要是指投资收益。这里的投资收益主要包括两方面，一方面是指机构投资者在买卖或转让债券的过程中而产生的差价收益，另一方面是指机构投资者所获得的债券的利息收益。而机构投资者在购买保险公司的万能人寿保险产品时，所获取的是保险金额，而并不是收益，所以免税。机构投资者通过买卖债券而产生的收益需要缴纳企业所得税，但是如果投资政府债券而获取的利息收入则不需要缴纳企业所得税。

2. 从不征税收入的角度比较，两者相同

证券公司和保险公司都不会在经营过程中产生不征税收入项目。而从机构投资者的角度出发，投资债券和购买分红型人寿保险产品一般情况下也不会产生不征税收入项目。

3. 从免税收入的角度比较，投资万能寿险有免税

保险公司经营储蓄性寿险产品和证券公司经营除国债外的债券时，都不会产生免税收入项目。

作为机构投资者，在这方面则有很大的差别。投资者在投在债券时，除了获取企业债券的利息收入要缴纳 25% 的企业所得税外，而对于我国市场上其他的债券产品的收益都不需要缴纳企业所得税。但是，同样情况下，投资者投资万能人寿保险，其投资结果表现为受益人的保险金，所以保险金不需要缴纳所得税。

4. 从扣除额的角度比较，两者基本相同

从经营主体来看，证券公司在债券销售的过程中应该扣除的主要包括手续费及佣金支出、营运费用、增值税、城市维护建设税、房产税、城镇土地使用税、固定资产投资方向调节税以及应交的教育费附加、因自然灾害等不可抗力因素造成的损失及其他损失等。而保险公司在销售万能人寿保险产品时，除了要扣除上述证券公司应扣除的项目外，还包括保险保障基金和救济性支出。这是保险公司所特有的。

从机构投资者的角度来看，投资人因投资债券以及购买万能人寿保险产品是企业自身的投资行为，没有发生满足企业所得税扣除额的项目，因而不需要进行扣除。

5. 从允许弥补以前年度亏损的角度比较，两者相同

从经营主体来看，证券公司和保险公司都可以在经营债券和万能寿险产品时，允许在上个会计年度或者以上各年净利润为负时，用本会计年度的税后净利润先覆盖这部分亏损后，剩下部分再作为可分配净利润，进行下一步的公积金计提、分红和课税。

从机构投资者的角度来看，投资者也有可以利用投资债券的收益来弥补以前年度的亏损。但是一般来说，针对万能寿险产品，消费者最后得到的是保险金，而不能算作收益，这一点虽然在形式上有所不同，但保险金会根据投资账户增减，所以本质上是用收益来弥补之前年度的亏损。

（三）投资连结保险和基金产品的所得税制比较

1. 从确定收入总额的角度比较，两者相同

从经营者的角度来看，与上述两种比较结果相同，在确定收入总额

的这方面，基金公司比保险公司多一项"汇总收益"。这主要还是涉及保险公司是否在海外销售分红型人寿产品，而就目前我国的保险公司发展水平来看，这部分的收入是没有发生的。

从机构投资者的角度出发，投资者投资基金产品而获得的所有收益主要包括运用基金买卖股票、债券的差价收入；基金从证券市场上取得股息、利息、红利所得；买卖基金收入；从基金分回股息、储蓄利息、企业债券利息、国债利息、买卖股票差价收入、企业债券买卖差价收入。同等情况下，投资者投资投连型人寿产品所获得的收益都是来自消费者投资型账户的收益，本质相同。

2. 从不征税收入的角度比较，差异较小

从基金和投连型人寿保险的产品特性出发，基金公司如果经营政府性基金，那就属于不征税项目。而保险公司在经营投连型寿险产品时一般不会产生不征税收入项目。

3. 从免税收入的角度比较，两者相同

作为经营主体，基金公司和保险公司在经营基金产品和投连型寿险产品时，都不会产生免税收入项目。均按照管理费收入征收 25% 的企业所得税。

从机构投资者的角度出发，投资基金和购买投连型人寿保险产品则有很大的区别。针对机构投资者因投资基金产品而获取的买卖基金的价差收入是免税的；但是从基金分回股息、储蓄利息、企业债券利息、红利等则需要交纳 25% 企业所得税。

但是机构投保保险公司的投连险，对于受益人的最终收益是指受益人的保险金以及投资型账户的收益，对于投资型账户的收益，根据我国《企业所得税法》的规定，应该缴纳 25% 的企业所得税。

4. 从扣除额的角度比较，两者类似

从经营主体来看，基金公司在基金产品销售的过程中应该扣除的主要包括手续费及佣金支出、营运费用、增值税、城市维护建设税、房产税、城镇土地使用税、固定资产投资方向调节税以及应交的教育费附加、因自然灾害等不可抗力因素造成的损失及其他损失等。而保险公司在销售投连型人寿保险产品时，除了要扣除上述证券公司应扣除的项目外，还包括保险保障基金和救济性支出。

从机构投资者的角度来看，投资人因投资基金产品以及购买投连型人寿保险产品是企业自身的投资行为，没有发生满足企业所得税扣除额的项目，因而不需要进行扣除。

5. 从允许弥补以前年度亏损的角度比较，两者相同

从经营主体来看，基金公司和保险公司都可以在经营基金和投连型寿险产品时，与分红、储蓄寿险产品相同，当上个会计年度或者以上各年净利润为负时，允许用本会计年度的税后净利润先覆盖这部分亏损后，剩下部分再作为可分配净利润，进行下一步的公积金计提、分红和课税。

从机构投资者的角度来看，投资者也有可以利用投资基金或者是投连型寿险产品的收益来弥补以前年度的亏损。在这一点上，两者仍然没有区别。

三、寿险业与证券业的个人所得税制比较

为了前后的研究口径一致，这里笔者所研究的个人所得税主要是个人投资者在投资证券产品和投资型保险产品时所产生的所得。下面将依旧按照上文的分类来进行比较：

1. 分红保险和股票产品的个人所得税制比较，分红保险产品更优惠

投资者购买股票所获得的收益主要体现在两个方面：一方面是投资者在买卖或转让股票的过程中而产生的差价收益，另一方面是指投资者所获得的股息、红利的收益。根据我国目前的《中华人民共和国个人所得税法》的规定，股票买卖的差价收益是不需要缴纳个人所得税的，但是对于个人在证券市场获得利息、股息、红利所得，应根据股民持股的实际情况全部或部分纳入应税所得额，并以20%的税率交纳个人所得税。对于个人投资分红型人寿产品，最后受益人获得的"收益"主要是保险公司给付的保险金额以及分红收益。对于保险金额我国是不征收所得税的。

2. 万能寿险产品和债券产品的个人所得税制比较，万能寿险更优惠

个人投资者在购买债券产品时，所产生的收入主要是指投资收益。这里的投资收益主要包括两方面：一方面是投资者在买卖或转让债券的过程中而产生的差价收益，另一方面是投资者所获得的债券的利息收

益。而个人投资者在购买保险公司的万能人寿保险产品时，所获取的是保险金额，而并不是收益。值得一提的是，投资者通过买卖债券而产生的收益是不需要缴纳所得税的，对于企业债券的利息收入需要缴纳20%的个人所得税，但是如果投资政府债券而获取的利息收入则不需要缴纳所得税。

3. 投资连结保险和基金产品的个人所得税制比较，两者相同

个人投资者购买基金产品而获得的所有收益主要包括运用基金买卖股票、债券的差价收入；基金从证券市场上取得股息、利息、红利所得；买卖基金收入；从基金分回股息、储蓄利息、企业债券利息、国债利息、买卖股票差价收入、企业债券买卖差价收入。而根据我国现行的税法体现，个人投资者通过购买基金而获得的各种收益都是不用缴纳个人所得税的。同等情况下，投资者购买投连型人寿产品所获得的投资型账户的收益最终表现为受益人领取的保险金额，免缴个人所得税。

本 章 小 结

经过将保障型、储蓄型寿险业务与银行业务的所得税制进行比较，以及将投资型寿险的三个险种业务与证券的三种业务分别进行定性比较后，现将比较结果总结如表4.4所示。

表4.4　　　　　保险、银行和证券业务所得税制定性比较

寿险业务		银行	经营者的企业所得税	投资机构的企业所得税	投资者的个人所得税
人寿保险	保障型寿险	存贷业务	寿险更严格银行更优惠	完全相同，免税	
	储蓄型寿险				
	分红保险	股票	完全相同	基本相同	保险更优惠
	万能寿险	债券		基本相同	保险更优惠
	投连险	基金		相同	完全相同，都免税
证券业务		证券	经营者的企业所得税	投资机构的企业所得税	投资者的个人所得税

通过对比我们发现，寿险业务与银行业务的企业所得税制存在较大差别，主要是因为经营寿险的成本更高，但较高的成本没有体现在税前扣除中，例如：寿险业务实际发生的手续费和佣金种类多，数量大，但扣除比例上限只有18%，使得较高的成本没有真实反映在扣除比例上。而且，在寿险的资产减值、财产损失项目中，对寿险的认可项目较少。这就导致在相同收入情况下，寿险经营者的企业所得税制相对银行企业的表现更苛刻和严格。

在比较投资型寿险业务和证券业务的所得税制中，发现经营寿险业务与证券业务的企业所得税制完全相同，机构购买者或投资者的企业所得税制也基本相同，差异体现在个人所得税税制上。即只在分红保险和万能寿险存在细微差异，主要表现在：购买保险公司的分红型人寿保险和万能人寿保险产品时，所获得的收益是以"保险金额"表现出来，而不是表现为交易利得和投资收益，因此，购买投资型寿险的税收政策比投资证券在个人所得税上可以获得更多政策倾斜和优惠。

鉴于定性比较所发现的差异性问题比较复杂，单纯定性分析无法直观看出比较双方的差距。所以，第六章我将对寿险业务和银行业务的企业所得税进行进一步的测算分析，通过定量比较来揭示企业所得税的差距到底有多大；以及定量比较投资型寿险业务的企业所得税与保障型、储蓄型业务的企业所得税。

第五章

"营改增" 对人寿保险
所得税的影响

为落实中央政府关于结构性减税的政策，财政部、国家税务总局于 2016 年 3 月 23 日联合发布《关于全面推开营业税改征增值税试点的通知》（以下简称《通知》），自 2016 年 5 月 1 日起，在全国范围内全面推开"营改增"试点，建筑业、房地产业、金融业、生活服务业等纳入试点范围。"营改增"政策的实施，对保险业在产品定价、业务流程、信息系统、竞争能力、商业模式和保险监管等方面将产生深远的影响。本章主要对"营改增"对保险产品价格的影响进行分析，在梳理"营改增"相关政策的基础上，结合实际提出相关建议。

第一节 "营改增"针对保险
业务的政策变化

根据财政部、国家税务总局的有关政策，"营改增"对保险公司的主要规定变化如下：[①]

一、绝大部分保险公司适用税率增为6%

征收营业税时期，营业税率统一为 5%。新政规定，根据年应征增

---

① 《关于全面推开营业税改征增值税试点的通知》。

值税销售额是否超过500万元，将纳税人分为一般纳税人和小规模纳税人，年应征增值税销售额超过500万元（含本数）的一般纳税人适用税率为6%；小规模纳税人征收率为3%。根据2015年各保险公司的保费收入统计，除了新成立的个别保险公司保费收入未达到500万以外，其他保险公司的保费收入均大幅超过500万。故保险公司基本都属于一般纳税人，适用6%的税率。

二、增加了适用销项税减进项税的计税方法

新政增加了一般纳税人发生应税行为适用一般计税方法计税。计算公式为：应纳税额＝当期销项税额－当期进项税额＝不含税保险业务收入×销项税率＋不含税其他业务收入×销项税率－不含税各项支出×进项税率

新政保留了原附加税的规定，包括城建税7%、教育费附加3%和地方教育附加1%～2%。变化之处只是名称发生了改变，从营业税的附加转换为增值税的附加，而附加原理并未变化，仍然是附加在基础税之上。所以，增值税的附加合计：增值税附加＝增值税×附加税率。

三、免征增值税项目

《通知》对免征增值税的项目也进行了明确，基本上与原营业税征收方案保持一致，主要是以下四类：

第一类，保险公司开办的一年期以上人身保险产品取得的保费收入。即保险期间为一年期及以上返还本利的人寿保险、养老年金保险，以及保险期间为一年期及以上的健康保险。

第二类，境内的单位和个人为出口货物提供的保险服务，包括出口货物保险和出口信用保险。

第三类，农牧保险，即为种植业、养殖业、牧业种植和饲养的动植物提供保险的业务。

第四类，被保险人获得的保险赔付。

四、增加了进项税抵扣

新政比较大的改革在于增加了进项税抵扣，给予了保险公司减少税负的机会。在增值税的税制下，支出项目可以凭取得的增值税专用发票计算抵扣增值税，比如采购的固定资产、机构代理人的手续费等，是可以抵扣进项税的。另外，保险公司存在应税业务和免税业务，对于无法划分不可抵扣/可抵扣的进项税额的，应当按照收入比例计算进项税转出。但是，采购固定资产、不动产和无形资产除外，即使这些资产仅部分用于应税目的，仍然可以全部抵扣。

第二节 "营改增"影响保险产品价格的机理

增值税和营业税同属于流转税，流转税的税率是保险产品定价模型中的一个重要因子。区别在于营业税属于价内税，直接构成保单价格的一部分。但增值税属于价外税，在价税分离的原则下，保单产品的价格将是纯保费，不再包含流转税金。"营改增"的实施会对收入费用核算原则产生影响，所以保险产品定价模型要随着收入费用核算原则的变化而变化。

一、对人身保险和财产保险价格受"营改增"影响差异较大

（一）对人身保险价格影响有限

由于"营改增"细则中规定，对保险公司开办的一年期以上人身保险产品取得的保费收入免征增值税，所以对寿险产品中占据较高比例的长期寿险产品来说，"营改增"的实施对其价格不会造成影响。对于保险公司销售的一年期以下的寿险产品，由于此类产品的短期性，所以其定价机制和财产保险产品类似，可以参照下面对财产保险产品价格影

响的分析。可以看出，短期寿险产品（包括现有产品和新开发的产品）在"营改增"实施后，因为税负成本的降低，长期来看，其价格有下降的趋势。但是因为短期寿险产品在整个寿险产品中的占比较小，"营改增"对其价格的影响不会导致对整个寿险产品的显著影响，所以说"营改增"对整体寿险产品的价格基本不会产生影响。

从进项税抵扣方面考虑，进项税抵扣几乎对产品价格没有影响。因为，人身保险几乎无抵扣项目，人身险分为人寿保险、意外险和健康保险，人寿保险和意外险的给付对象（受益人）通常是自然人，无法开出增值税专票。健康保险的赔付对象有可能是受益人也有可能是直接赔付给医疗机构，以我国公立医疗机构是不营利机构的社会定位，也是无法开出增值税专票的，保险公司只有从合作的少量的私立医院，通过赔付获得进项税抵扣。所以，综合以上两方面，"营改增"对人身保险价格影响有限。

（二）对财产保险产品价格影响显著

因为除政策性保险免增值税以外，"营改增"细则适用于所有的财产保险产品，所以相对于人身保险产品，"营改增"的实施对财产保险产品价格的影响会更加显著。主要体现在财产保险赔偿与费用支出获得进项税抵扣渠道更加丰富。以财产险占比最大的车险为例，虽然大部分被保险人都是自然人，如果以现金赔付由被保险人自行修车，显然保险公司是无法得到进项税抵扣的；但被保险人到修理厂修车后由保险公司与修理厂结算是可以进行进项税抵扣的，而且这个过程自然，客户满意度也不会下降。因此，由进项税抵扣带来的红利反映于价格中，便会带来财产险价格的下降。

二、现有产品实际售价低于真实价格

按照现有规定，保险行业不得利用"营改增"涨价，所以，如果原来含营业税的保费收入为 100，则调整为不含增值税的保险价格为 $100/(1+0.06)=94.34$，加上销项税 $94.34 \times 6\% = 5.66$，恰好保持在 100 元的原含税价格。按照原营业税的定价原理，100 元的保费收入，征收价内税 5 元营业税，真正的保险价格为 95 元。所以，现有产品的实际售价是低于真正价格的。

三、新产品价格有下降趋势

"营改增"对新开发的保险产品定价的影响，我们用最简单直观的纯保费法来分析。纯保费法的定价机制为：保险产品价格 = 风险保费/（1－费用率－利润率）。可以看出，"营改增"对新产品的定价影响主要体现在对费用率的影响，费用率是根据各种假设下的经验费用率计算的。"营改增"后，不能再使用以前营业税制下的费用率，需要进行调整。在"营改增"之前，费用率要受手续费及佣金、营业税金及附加、业务及管理费用的影响，"营改增"后影响费用率的因素发生以下变化：

（1）营业税及附加变更为增值税及附加："营改增"后，营业税取消，税金及附加由价内税改为价外税，不会直接体现在产品价格上，但仍会间接反映在新产品价格中。

（2）手续费率及佣金率（主要由代理手续费构成）会因为渠道不同产生差异："营改增"前是含营业税的手续费率，"营改增"后手续费变为含增值税的手续费。由于手续费可以部分取得增值税专用发票，需要根据情况调整。一般来说，个人渠道不易获取增值税专用发票，为含增值税手续费率；机构渠道容易获得增值税专用发票，将会使用不含税（增值税）手续费率，比如中介机构也同时从营业税改为增值税，会影响中介机构对其提供的中介服务的定价，从而反过来影响手续费率，造成不同渠道手续费率的差异。

（3）业务及管理费用率有降低趋势：全面"营改增"前，营业税和增值税同时运行，保险公司没有被纳入增值税链条，从上游购进的与业务管理相关的产品和服务（如：固定资产和办公用品）所缴纳的增值税不能抵扣。全面"营改增"后部分能取得增值税专用发票得以抵扣进项税，所以需要根据取得增值税专用发票的情况采用含税费用率或不含税费用率。

综合以上三因素，在目前"营改增"的初始阶段，应税保险产品在定价考虑手续费、佣金和管理费用时，一般参考的管理费用营业税时期的历史数据（即含税费用）进行反算；待"营改增"全面实施成熟后，已经积累了大量的价税分离的费用数据，应税险种定价时就可以直接选取不含税费用率。所以长期来看，"营改增"后费用率会下降，新产品定价有下降的趋势。

四、不同的抵扣水平通过利润引导价格产生变动

保险定价的核心目标是获取利润，利润的变动通过费率厘定原理反映到保险价格。因此，从利润角度分析保险价格理所当然。

（一）会计科目改变导致利润核算改变

我们可以简单地以"收入 – 费用 = 利润"这个公式来分析"营改增"对现有寿险产品定价的影响。"营改增"对现有产品定价的影响表现在对收入和费用两个方面的影响。"营改增"会对财务报表中保费收入的统计口径造成影响，含营业税的保费收入需要调整为不含增值税的保费收入。营业税制度下，发生的费用无法抵扣，直接计入损益表；而在增值税制度下，发生的费用和赔付有可能进行进项税抵扣，从而从事保险销售获得保费收入时，会计科目在贷方增加了"应交税费——应交增值税（销项税额）"；发生费用或赔付有进项税抵扣时，在借方增加"应交税费——应交增值税（进项税额）"以进行冲销，该两项科目均属于负债科目。因此，记账科目也发生了本质改变。

（二）进项税抵扣比例将影响保险价格

以表 5.1 假设数据为例，在原营业税制度下，保险公司获得 100 元保费收入（含营业税及附加 5.6 元），预期赔款 60 元，发生费用 30 元，则预期利润为 4.4 元。

表 5.1 营业税下利源机理 单位：元

项目	金额
保费收入	100
营业税及附加	$100 \times 5\% \times 1.12 = 5.6$
费用（不含税）	30

项目	金额
预期赔款	60
预期利润	100 − 30 − 60 − 5.6 = 4.4

"营改增"对费用的影响主要表现在对费用各组成部分的影响上。上面公式中的费用包括税费、赔付费用（赔付支出）、手续费、业务及管理费用等主要组成部分。在营业税下，营业税金及附加是一种费用。在增值税下，增值税即销项税减进项税的实质也是费用，只是没有以"增值税金及附加"这么一种会计科目的形式列示在财务报表中。可见，原来营业税对利润的影响变成了销项税减进项税的差额对利润的影响。赔付费用、手续费、业务及管理费在"营改增"后，其中的一部分会取得增值税专用发票，从而可以用进项税额抵扣销项税额。

因此，"营改增"通过费用与利润的关系传导至价格无非以下三种情况（如表5.2所示）：情形一，如果没有进项税抵扣，而要保持原有产品利润不变的话，必须调整产品价格使收入与费用呈同种程度变化，如收入降低，则需调低费用使得利润不变；情形二，如果为了维持原有产品需求（向消费者收取的总价款）不变，"营改增"对费用的影响会造成利润的变化；情形三，如果为了保持原有产品需求和利润都不变，则需调整费用项下可用于进项税额抵扣的比例。

表5.2　　　　　　　**增值税下三种情形的利源机理**

项目	情形一：没有任何进项税抵扣	情形二：假设发生的费用有50%可以进项税抵扣	情形三：增值税（假设保持利润不变）
保费收入	100/(1+6%) = 94.34	100/(1+6%) = 94.34	100/(1+6%) = 94.34
增值税销项税额	100/(1+6%)×6% = 5.66	100/(1+6%)×6% = 5.66	100/(1+6%)×6% = 5.66
费用（不含税）	30	30	30
费用产生的进项税额	0	30×50%×6% = 0.9	30×36.7%×6% = 0.66

项目	情形一：没有任何进项税抵扣	情形二：假设发生的费用有50%可以进项税抵扣	情形三：增值税（假设保持利润不变）
预期赔款	60	60	60
增值税金及附加（销项－进项）	$(100/(1+6\%)\times 6\%-0)\times 1.12=6.34$	$(100/(1+6\%)\times 6\%-0.9)\times 1.12=5.33$	$(5.66-0.66)\times 1.12=5.6$
预期利润	$100-30-60-6.34=3.66$	$100-30-60-5.33=4.67$	$100-30-60-5.6=4.4$

情形一，由于没有进项税抵扣，税负增加和本身保费收入的减少，导致利润降低。如果要保持4.4元的利润不变，则只能相应减少预期赔款或费用。否则，在来年新产品设计时，将增加的税负转嫁到新产品价格中。

情形二，如果费用中有50%（即有15元）的费用拥有增值税专票可以进项税抵扣，那么，税负会降为5.33元，直接带来预期利润增加。

情形三，假设向消费者收取的总费用和原有产品的利润都不变，我们倒算费用中可以进项税抵扣的比例（36.7%），即：在该比例时达到增值税改革前后均衡，超过该比例有利润升高、新产品价格下降趋势，反之反然。

第三节 "营改增"对人寿保险所得税的传导作用

一、传导作用呈现

"营改增"的全面实施将会对保险产品价格产生不同程度的影响，在对人寿保险产品和财产保险产品分别进行分析后，现总结如下：

第一，"营改增"的实施对寿险产品的价格基本无影响。一年期以上的长期寿险产品由于免征增值税，所以不会受到"营改增"的影响；一年期以内的短期寿险产品（包括现有产品和新产品）价格长期来看，受税负减轻的预期有下降的趋势。但是，由于短期寿险产品在整体寿险产品中占比较小，所以"营改增"对寿险产品价格影响有限。

第二，"营改增"的实施会使得财险产品的价格长期有下降的趋势。在费用中有足够的比例可以取得增值税专用发票进行进项抵扣的前提下，现有财险产品的税负长期会有下降的预期，所以其价格长期会有下降的趋势；新开发的财险产品在"营改增"后定价模型的费用率会下降，所以其价格也会有下降的趋势。

第三，短期来看，"营改增"实施初期会对保险公司的产品定价、业务流程、信息系统等方面产生一系列的影响，所以短期会存在一定的过渡成本，尤其在进项抵扣不成熟的情况下税负减少不会立即体现。但是，考虑到现在保险市场竞争已经很激烈，并且价格缺乏弹性，降价容易升价难。所以本书认为，短期内保险公司不会调高产品价格来转移过渡成本。

二、保险业"营改增"的政策建议

1. 明确相关环节的实施细则

理论上，保险公司财务报表的费用项中有充分的比例能够取得增值税专用发票来进行进项抵扣，这是本书对保险产品的价格受"营改增"全面实施影响研究的一个重要前提。目前只是提供给保险公司一个降税的机会，但是实务中有很多细分环节的处理在政策上尚未得到明确，最终税负能否降得下来，老百姓享受到改革红利，保险公司在渠道、承保和理赔等众多方面实施起来有很多不确定性因素，如可以进行进项抵扣的业务范围以及不同业务进行进项抵扣的比例等一些实施细则是亟须相关部门出台政策进行明确的。

2. 加快业务管理流程的改造

保险业应对增值税环境下的会计核算、系统运行、业务操作等方面进行认真梳理和改造。保险公司要加强相应的管理体制和信息系统的改造，比如加强渠道管理、提高进项税发票的管理水平，通过提高进项税抵扣降低费用成本、提高承保利润，以此支持产品价格下降，从而提高产品竞争力。

3. 根据渠道策略采取差异化定价

"营改增"后，不同的渠道会有不同的税负差异，因此"营改增"后分渠道差异化定价更为合理。按一般征收法，相同的手续费下，机构代理人由于增值税抵扣而具有优势，但是代理机构的收入和利润可能下降较大。而由于机构代理人掌握着较多的保费资源，可能会要求提高手续费，带来价格及成本的上涨。保险公司在维持业务来源的同时还要保持成本稳定，因此需要综合考虑渠道的重要性、敏感性及成本特点进行差异化定价。

第六章

我国商业人寿保险分险种的所得税测算比较

　　本书的目的是探索商业人寿保险的所得税，所以按功能将人寿保险分为三类：[①] 保障型人寿保险产品、储蓄型人寿保险产品和投资型人寿保险产品。由于三类险种购买目的、设计原理有很大差异，所以本章对这三类险种的所得税分别测算。第一类为保障型人寿保险产品，其目的是获得保障，用较低的保费支出换来一定期间内相对高额的保险保障，表现为风险保额较高，属于所有金融产品中最具有保险特色的产品，代表产品有定期人寿保险等，不过寿险公司经营这类产品与银行企业经营银行业务在资金流向上类似，故作为比较对象。第二类为储蓄型人寿保险产品，购买这类产品的目的与银行产品比较类似，投保人的目的是在得到一定的保险保障之外为了获得类似于银行储蓄的稳定回报，其定价利率固定，有较大的现金价值，得到现金返还的概率极大，代表产品有终身寿险、生存保险、两全保险、年金保险等。第三类为投资型人寿保险产品，代表产品有投资连结保险、万能寿险、分红保险，这类产品与证券或基金产品比较类似，投保人的目的是获得投资回报，保险保障的分量极低，其采用浮动的定价利率，由投保人承担利率风险。

---

　　① 商业人寿保险实务中按照定价利率是否固定通常被分为传统型和创新型两种。

本章的目的有两个：

第一，因为我国对个人购买寿险产品和银行产品的个人所得税制施行的是均不征收个人所得税的相同政策，所以，本章省略对个人所得税的测算，仅对寿险企业经营三类寿险产品的企业所得税，与银行经营相关业务的企业所得税进行实证分析和测算举例，以数据证实寿险企业所得税高于银行企业所得税的结论。

第二，在第四章中我们已经得出投资型人寿保险业务在企业所得税制方面和证券业务所得税制基本相同的结论，考虑到目前对所有投资型寿险不征个人所得税，故在本章中我们通过建模来测算投资型寿险的企业所得税税基，以明确的测算结果揭露现有寿险所得税制在收入分配中的不妥之处。

第一节　保障型人寿保险产品的所得税

按照现行税法对受益人领取保障型人寿保险不征收个人所得税，所以本节只讨论经营该险种的寿险公司企业所得税问题。保障型人寿保险产品在人寿保险保费收入中虽比重不大，但却是各种人寿保险的基础，其以定期人寿保险为代表，表现出的权利义务关系为在投保人向保险人交纳保费，当被保险人在保险期间内发生约定的保险事故，保险人向受益人给付保险金。保障型人寿保险有个明显特征是没有或几乎没有现金价值，因此不具有返还型，即保险期满如未发生保险事故，被保险人或受益人得不到任何现金返还。按照前文所述，人寿保险公司经营此类险种需要交纳营业税，并在所得税前扣除。因此，本节的所得税研究需从营业税开始。

一、对影响所得税基的保障型人寿保险与银行业务增值税制的比较

保障型人寿保险虽然根据不同的保险期间和保险责任，形式较多，但本质相同，所以本节以保障型人寿保险的代表险种定期死亡保险（又称为定期人寿保险）来进行测算演示。令定期死亡险的纯保费为 P，毛

保费为 P'，α 为固定附加保费，β 为浮动附加费率，增值税率为 t，增值税为 T，则：$P' = P + (\alpha + \beta P')$，因为总能存在一个 γ_1，使得 $\gamma_1 P' = \alpha + \beta P'$。所以，$P' = P + \gamma_1 P'$，即：$P' = \dfrac{P}{1 - \gamma_1}$。现行税法规定，以保费收入作为税基，即：增值税税基为 $\dfrac{P}{1 - \gamma_1}$。

（一）银行的税基计算方式

由于银行的增值税税基是利息收入减去利息支出的差额，故税基为 $P(i_2 - i_1)$，其中 i_2 为银行投资收益率，i_1 为约定的存款利率，故 Pi_2 为利息收入，Pi_1 为利息支出。此处选择 P 而不是 P' 为基数的原因是，P' 虽然是保险公司的收取的保费，但其中包括保险公司运营的费用等支出在内，而 P 是纯保费，更接近银行的存款收入。银行通过吸纳 P，通过 P 的投资从而得到 Pi_2 的收入，在此基础上减去 Pi_1 的支出，已经包括了运营费用、利润在内。所以，若以 P' 为基数就重复计算了运营费用。

（二）以实际营业收入调整保障型产品税基

若以实际营业收入的方式，即银行利息收入减去利息支出核算税基，必须考虑到人寿保险的特殊性，因为收取的保费是确定的，但保险金支出却是不确定的，如果 n 年期的人寿保险，理论上应考虑 n 年的收入作为税基会更加精确。因此，税基为 $P'(1 + i_2)^n - P(1 + i)^n$，其中 $P'(1 + i_2)^n$ 表示收取的保费 P' 经过 n 年的投资，i 为保险定价利率，到第 n 年年末将积累成 $P'(1 + i_2)^n$ 的收入；P 此时为保险金支出的精算现值，[1] 在不考虑死亡率累积的情况下，第 n 年末的累积值为 $P(1 + i)^n$。那么 $P'(1 + i_2)^n - P(1 + i)^n$（即：$\dfrac{P}{1 - \gamma_1}(1 + i_2)^n - P(1 + i)^n$）为第 n 年末的收入与支出差额。

101

---

[1] 纯保费的厘定原则为收支平衡，因此表示净支出的保险金支出与纯保费 P，数值上一致。

二、保障型寿险与银行业务增值税基对所得税影响的测算比较

（一）现行税法税基与以实际营业收入计算增值税基的比较

为了比较的一致性，我们将两个数值放到同一个时点（即：第 n 年末）。

令： $$F = \frac{P}{1-\gamma_1}(1+i_2)^n - \left[\frac{P}{1-\gamma_1}(1+i_2)^n - P(1+i)^n\right]$$

则： $$F = P(1+i)^n > 0$$

得以证明，现行税法税基大于以实际营业收入计算的商业人寿保险税基。

（二）以实际营业收入计算的增值税基与银行业务增值税基的比较

从以上可知，i_2 为资本市场投资收益率，i_1 为约定的存款利率，i 为保险定价利率，数值上存在 $i_2 > i_1 > i$。

令： $$G = \frac{(1+i_2)^n}{1-\gamma_1} - (1+i)^n - (i_2-i_1)^n$$

则： $$G > (1+i_2)^n - (1+i_1)^n - (i_2-i_1)^n$$

$$\Rightarrow \frac{\partial G}{\partial i_2} = n(1+i_2)^{n-1} - n(i_2-i_1)^{n-1}$$

$$\cdots\cdots$$

$$\frac{\partial G}{\partial^{n-1}i_2} = n!\,(1+i_2) - n!\,(i_2-i_1) = n!\,(1+i_2-i_2+i_1) > 0$$

可证明 G 为严格单调递增函数，$i_2 = i_1$ 时，有 $G = 0$；当 $i_2 > i_1$ 时，$G > 0$。

特殊情况：若 $n = 1$ 时，

$$P'(1+i_2)^n - P(1+i_1)^n = P'(1+i_2) - P(1+i_1)$$
$$= P' - P + (P'i_2 - Pi_1)$$

因为 $P' > P$，所以 $P' - P + (P'i_2 - Pi_1) > P(i_2 - i_1)$，说明即便按照保障型寿险实际营业收入方式，以定期死亡保险为代表的商业人寿保险业的税基仍然比银行业务同样资金量的业务税基要大。

（三）实证测算

随机选取 40 岁的男性投保 10 年期的保额为单位 10 万元的死亡保险为例进行实证分析，令：$i_2 = 4.5\%$，$i_1 = 3.5\%$，$i = 2.5\%$，$\gamma = 40\%$。则 $P = 100000 \times (147568.88216 - 139492.93223) / 363309.40093 = 2222.85$[①] 元，$100000 \times P' = 3704.75$ 元。

现行税法寿险税基为 $100000 \times P' = 3704.75$ 元；以寿险实际营业收入方式计算的税基为 $100000 \times P'(i_2 - i) = 3704.75 \times [1.045 - 1.025] = 92.62$ 元。银行业务同样资金量的业务税基为 $100000 \times P(i_2 - i_1) = 2222.85 \times (0.045 - 0.035) = 22.23$ 元。

增值税率同为 5%，则同样涉及初始成本的寿险业务第一年末增值税为 $3704.75 \times 5\% = 185.23$ 元；以实际营业收入方式计算的增值税为 $3704.75 \times (1.045 - 1.025) \times 5\% = 4.63$ 元；银行业务的增值税为 $2222.85 \times (1.045 - 1.035) \times 5\% = 1.11$ 元。

通过测算发现，现行寿险业务增值税税基竟然是按实际营业收入计算的真实税基的 40 倍，相应地，保费中增值税是应征的 40 倍，而比照同资金量的银行业务，增值税税基达到了 166.87 倍，因此，增值税也是银行业务的 166.87 倍。

（四）对比小结

通过比较可以发现，税基不同导致人寿保险公司增值税税负担过重，必然会对所得税税基的合理性产生很大影响。银行的一般业务的税基是利息收入；证券公司的税基是证券的买卖差价。只有保险公司增值税税基是全部的保费收入，明显地把保费收入中需要支付出去的净保费包含进税基了。按照精算基本原理，人寿保险的保费采用保险给付金期望值定价，寿险保费中的纯保费，又称为净保费占了绝大部分。这部分保费虽然是以保费的形式流入到保险公司，但却是以给付的形式流出的，属于风险成本。在本质上与银行支付给存款者的利息，与证券公司买入证券所付出的资金是一样的。基于这一点，与银行相比，保险公司

[①] 当 $i = 2.5\%$ 时，通过查询本书附录，可得 $M_{40} = 14553.97679$，$D_{40} = 36237.47598$，$M_{50} = 13809.66583$，$P = \dfrac{M_{40} - M_{50}}{D_{40}}$。

增值税税基显而易见地被扩大了，极度扩大的增值税税基传导至所得税基上，必然对所得税税基的可靠性造成负面影响。

三、保障型人寿保险产品的企业所得税的测算

保障型寿险产品只具有纯保障功能，不存在投资功能。根据我国会计准则规定，允许在缴纳所得税前抵扣的项目，大多都以保费收入的一定比例抵扣，不得随意列支。

保障型寿险产品的企业应纳税所得额主要分两个方面：一方面为保障型寿险产品的保费收入抵扣掉允许税前扣除的项目后的余额，即承保业务应纳税所得额；另一方面是保障型寿险产品的保费收入中扣除寿险责任准备金后的资金所产生的投资收益，即投资业务应纳税所得额。本书的讨论重点为保费收入部分的应纳税所得额，投资收益部分由于寿险公司的资金是进行整体运作的，和产品无关，不是本书所研究的重点，予以省略。

鉴于人寿保险产品的投保方式分为趸交型和期交型两种，根据我国《企业会计准则第 25 号——原保险合同》第 8 条的相关规定：对于长期人寿保险，期交保费和趸交保费的保险合同，应当分别按照当期应收取的保费和趸交保费确定。因此，趸交型与期交型的应纳税所得额如果考虑利率贴现，实质差异不大。期交型产品只是在较长的时间支付每期的毛保费额，如与趸交型进行比较，则需将其进行精算贴现，原理上没有太大差异。

（一）保障型人寿保险产品趸交保费方式下的企业所得税建模

令定期死亡险的趸交纯保费为 P，毛保费为 P'，α 为固定附加保费，β 为浮动附加费率，则：$P' = P + (\alpha + \beta P')$，因为总能存在一个 γ_1，使得 $\gamma_1 P' = \alpha + \beta P'$。即 $P' = P + \gamma_1 P'$，即：$P' = \dfrac{P}{1 - \gamma_1}$。令定期死亡险的纯寿险责任准备金为 R，同理可得毛准备金 $R' = \dfrac{R}{1 - \gamma_2}$。

假设保障型寿险的营销佣金及手续费比例为 b，退保率为 h，防预费率为 e，保险保障基金提取率为 f，分保比例为 g，救济性支出率为 j，增值税率为 t。保险投资收益率为 i，保险产品预定利率为 i_0，年度退保

率为 h。则定期寿险所得税税基为：

$$\left\{\frac{P}{1-\gamma_1}\big[1-t-(1-h)b-(1-g)e-f\big]-\frac{R}{1-\gamma_2}\right\}\times(1-j)$$

根据精算原理，在不考虑费用率的情况下，纯保费 P 与纯寿险责任准备金 R 的精算现值是相等的，即 $P=R$。因此，趸交保费定期寿险的所得税税基可简化为：

$$P\left\{\frac{1}{1-\gamma_1}\big[1-t-(1-h)b-(1-g)e-f\big]-\frac{1}{1-\gamma_2}\right\}\times(1-j)$$

（二）保障型人寿保险产品期交保费方式下的企业所得税建模

令定期死亡险的期交均衡纯保费为 P_t（下标 t 为每一交费时点，下同），均衡毛保费为 P'_t，则定期寿险所得税税基为：

$$\sum_{t=1}^{n}\left\{\frac{P_t}{1-\gamma_1}\big[1-t-(1-h)b-(1-g)e-f\big]-\frac{R_t}{1-\gamma_2}\right\}\times(1-j) \text{①}$$

四、保障型人寿保险业务企业所得税的测算结论

还是以 40 岁的男性投保 10 年期的保额为 10 万元的定期死亡保险为例，进行测算分析（测算所需数据请详见本书附录），根据财政部发布的关于保险企业的所得税相关规定，凡对予以扣除的项目作出具体上限规定的，本例中均按照相关规定的最高限额计算。由此可得 $t=5\%$，$b=10\%$，$e=0.8\%$，$f=0.05\%$，$j=1.5\%$。根据 2013 年前 24 家寿险公司的财务数据，计算各个寿险公司的退保率［退保金÷（去年年末保费收入＋去年年末寿险责任准备金＋本年年末保费收入＋本年年末寿险责任准备金）×2］，结果显示前 24 家寿险公司的平均退保率为 4%。因此 $h=4\%$。令 $g=0.25\%$，$i_0=2.5\%$，$\gamma_1=40\%$，$\gamma_2=25\%$。根据寿险精算换算函数 $P=\dfrac{M_{40}-M_{50}}{D_{40}}=R=2222.85$ 元，将所有参数代入趸交方式②的保障型人寿保险所得税税基公式：

---

①　期缴型定期寿险产品所得税税基为各期应纳税所得额简单加和，并非贴现至同一时点的现值，此处为了便于比较，故简化计算，下同。

②　为了简化计算的步骤，本书所有的计算举例均以趸交保费方式为例，之后的举例将不再说明。

$$\left\{ \frac{P}{1-\gamma_1}[1-t-(1-h)b-(1-g)e-f]-\frac{R}{1-\gamma_2} \right\} \times (1-j)$$

则得到该款趸交方式的保障型人寿保险产品的企业所得税税基为：

$\{2222.85 \times 5/3 \times [1-5\%-(1-4\%) \times 10\%-(1-0.25\%) \times 0.8\%-0.05\%]-2222.85 \times 4/3\} \times (1-1.5\%)=167.75$ 元。

该款定期寿险应缴纳的企业所得税为 $167.75 \times 25\%=41.94$ 元。如果无增值税（即：$t=0$），则所得税税基变为 89.8 元，低于现有税基，所得税额也相应降为 22.45 元；如果按实际营业收入方式计算，则所得税基 348.57 元，税额为 87.14 元。

如果采用免除寿险企业增值税的方式，经营寿险的企业所得税从现行税制的 41.94 元降为 22.45 元，虽然所得税的税基大幅下降，但又重新造成了税收不公，即：经营寿险业务的税负小于银行税负。如果按实际营业收入方式核算，经营寿险的企业所得税从现行税制的 41.94 元提高到了 87.14 元，看似所得税提高了，但是如果考虑到现行税制还需对寿险征收 185.23 元增值税，则按现行税制经营寿险的增值税与企业所得税总税额为：$185.23+41.94=227.17$ 元，而按实际营业收入方式核算的真实总税额为：$4.63+87.14=91.77$ 元。总税额的下降仅是一个现象，内部发生了质的改变，本质变化是从现有的按保费收入课征增值税变为了按实际营业收入课征，从现有的税负不公变为了税收公平；从增值税的不科学课征带来的企业所得税税基不科学，变为了现在的所得税税基能够反映客观事实。

所以，通过保障型人寿保险所得税的测算结果，可以得到初步结论：需要针对该险种纯保费用于给付的特殊性，对其实际营业收入课征增值税，而不是保费收入。否则，会对该险种的所得税科学性造成严重影响。

第二节 储蓄型人寿保险产品的所得税

储蓄型寿险产品兼具保障与储蓄的功能，其储蓄的功能更为重要，产品的市场分类更类似于银行的定期存款，具有一定的保值功能。在我国境内所开展的储蓄型险种大致可分为终身寿险、生存保险、两全保险和年金保险四类。而年金保险与生存保险在精算原理上是相似的，区别则是生存保险是将投保人的满期给付一次性予以支付，年金保险则是在给付期内分期计息给付。同样，两全保险与生存保险的精算原理也是相似的，区别在于两全保险在保险期内对投保人亡故的情况也将支付死亡保障金。因此本书在计算储蓄型人寿保险产品所得税的时候，仅通过两全险这款相对其他储蓄型险种更全面的寿险产品进行举例。

一、储蓄型人寿保险产品的企业所得税建模与测算举例

（一）储蓄型人寿保险产品趸交方式下的企业所得税建模

令两全型寿险的趸交纯保费为 P，毛保费为 P'，α 为固定附加保费，β 为浮动附加费率，则：$P' = P + (\alpha + \beta P')$，因为总能存在一个 γ_1，使得 $\gamma_1 P' = \alpha + \beta P'$。即 $P' = P + \gamma_1 P'$，即：$P' = \dfrac{P}{1 - \gamma_1}$。现行税法规定，对一年期以上的返还型寿险产品不予征收增值税。

假设两全险的纯寿险责任准备金为 R，同理 $R' = \dfrac{R}{1 - \gamma_2}$。寿险营销佣金及手续费比例为 b，防预费率为 e，保险保障基金提取率为 f，分保比例为 g，救济性支出率为 j。保险投资收益率为 i，保险产品预定利率为 i_0。因此，趸交方式的分红储蓄型人寿保险产品的所得税税基为 $\left\{ \dfrac{P}{1 - \gamma_1} [1 - (1 - h) b - (1 - g) e - f] - \dfrac{R}{1 - \gamma_2} \right\} \times (1 - j)$。

（二）储蓄型人寿保险产品期交方式下的企业所得税建模

令两全型寿险的期交均衡纯保费为 P_t，毛保费为 P'_t，α 为固定附加保费，β 为浮动附加费率，则：$P'_t = \dfrac{P_t}{1 - \gamma_1}$。并且，储蓄型人寿保险产品符合现行税法规定中的"对一年期以上的返还型寿险产品不予征收增值税"，享受免缴增值税的优惠。

假设两全险的纯寿险责任准备金为 R_t，同理 $R'_t = \dfrac{R_t}{1 - \gamma_2}$。其他参数不变。因此，期交方式的两全人寿保险产品的企业所得税税基为：

$$\sum_{t=1}^{n} \left\{ \dfrac{P_t}{1 - \gamma_1} [1 - c - (1 - g) e - f] - \dfrac{R_t}{1 - \gamma_2} \right\} \times (1 - j)$$

(三) 储蓄型人寿保险产品企业所得税的测算举例

寿险公司承保经营 40 岁的男性投保 10 年期的保额为 10 万元的两全人寿保险，根据财政部发布的关于保险企业的所得税相关规定，凡对予以扣除的项目作出具体上限规定的，本例中均按照相关规定的最高限额计算。由此可得 $b = 10\%$，$e = 0.8\%$，$f = 0.15\%$，$j = 1.5\%$。由计算保障型产品中的介绍可设退保率 $h = 4\%$。

令：$g = 0.25\%$，$i_0 = 2.5\%$，$\gamma_1 = 40\%$，$\gamma_2 = 25\%$。根据寿险精算换算函数 $P = \dfrac{M_{40} - M_{50} + D_{50}}{D_{40}} = R$。

承保 40 岁的男性投保 10 年期的保额为 10 万元的两全保险的企业所得税税基为 $\left\{ \dfrac{P}{1 - \gamma_1} [1 - (1 - h)b - (1 - g)e - f] - \dfrac{R}{1 - \gamma_2} \right\} \times (1 - j) =$

$\left[78320.82 \times \dfrac{5}{3} \times (1 - 0.1 \times 0.96 - 0.9975 \times 0.008 - 0.0015) - 78320.82 \times \right.$

$\left. \dfrac{4}{3} \right] \times 0.985 = 13904.56$ 元。

二、与储蓄型寿险类似的我国银行业务企业所得税建模与测算

为了更好地与保险企业所得税进行比较，在此主要选择银行的定期存款业务。原因有以下两点：首先，定期存款是银行的主营业务之一，其次，定期存款在产品市场分类更类似于商业人寿保险的两全险，两者都具有到期还本付息的性质。因此本书选择测算银行经营定期存款业务企业所得税，再与寿险公司经营两全保险的企业所得税进行对比，以此来说明银行业和保险业所得税的区别。

(一) 我国商业银行经营定期存款业务的企业所得税建模

令银行 10 年期定期存款额为 D，存款利率为 i_1，贷款利率为 i_2，活期存款利率为 i_3，法定存款准备金率为 γ_d，超额存款准备金率为 γ_e，则

银行的 10 年期存款第一年的利息收入[1]为 $(D - r_d D - r_e D) i_2 + D i_3 - D i_1$。若银行在核算增值税时以利息收入作为税基，那么银行第一年所缴纳的增值税为 $[(D - r_d D - r_e D) i_2 + D i_3 - D i_1] f$，其中 f 为增值税税率。假设银行的手续费及佣金比例为 b，业务及管理费比例为 g，呆账损失比例为 k，资产减值准备金比例为 j，其他支出比例为 e。则银行经营 10 年期存款的第 1 年企业所得税的税基为 $[(D - r_d D - r_e D) i_2 + D i_3 - D i_1] \times (1 - b - g - f - e - k - j)$。假设存款利率和贷款利率均按复利计算，则经营 10 年期存款在 10 年末的企业所得税税基为：

$$[r_d D (1 + i_3)^{10} + (D - r_d D - r_e D)(1 + i_2)^{10} - D(1 + i_1)^{10}]$$
$$\times (1 - b - g - f - e - k - j)$$

（二）定期存款业务企业所得税测算举例

以某客户在银行存一笔 10 年定期存款，存款额为 10 万元为例进行测算分析，根据财政部和中央银行发布的相关银行业所得税的规定，对于所得税税前扣除项目做出的具体上限规定，本例中均按照最高限额计算。由此可以得出 $b = 1\%$，$g = 30\%$，$f = 5\%$，$e = 1.5\%$，$k = 1\%$，$j = 1\%$。根据我国央行规定法定准备金率为 20.5%，该案例不考虑银行提取超额准备金，所以超额准备金率为 0。对于利率，本书根据我国商业银行实际存贷款利率进行核实，其中存款利率为 $i_1 = 4.75\%$，贷款利率为 $i_2 = 6.55\%$，活期存款利率为 $i_3 = 0.35\%$。

则银行 10 年期定期存款在第 10 年末的所得税税基为：

$$[20.5\% \times 100000 \times (1 + 0.35\%)^{10} + (100000 - 100000 \times 20.5\%) \times (1 + 6.55\%)^{10} - 100000 \times (1 + 4.75\%)^{10}] \times (1 - 1\% - 30\% - 5\% - 1\% - 1.5\% - 1\%)$$

计算出银行经营一笔存款额为 10 万的 10 年期定期存款的企业所得税税基为 7327.16 元。

---

[1]　在此假设银行收到一笔定期存款，除扣除法定准备金和超额准备金外，将其余的钱全部贷出，法定存款准备金按活期存款利率计息。

三、储蓄型人寿保险与银行定期存款业务的企业所得税对比结果

寿险公司经营 40 岁的男性投保 10 年期的保额为 10 万元的两全保险，其企业所得税基为 13904.56 元，需缴纳企业所得税税额为 3476.14 元；而银行经营存款额为 10 万元的 10 年定期存款，其企业所得税税基仅为 7327.16 元，需缴纳的企业所得税税额为 1831.79 元。

可以明显看出，同为 10 万元、相同性质的业务，人寿保险公司缴纳的所得税要远多于银行。由此可以看出，我国人寿保险公司在经营储蓄型人寿保险业务时所承受的企业所得税税负要高于银行经营同类业务时的企业所得税税负。

第三节　投资型人寿保险产品的所得税

从获利方式上，投资型人寿保险的三个险种被分为两类，一类是分红寿险产品，另一类是万能寿险与投连险，以下就通过建模和举例测算的形式，比较投资型人寿保险企业所得税的税基。

一、分红人寿保险产品的企业所得税

分红寿险产品目前在我国的寿险市场占据最大的份额，源于分红险的保障与投资理财双重功能。除了保障功能的计算与保障型产品相似外，储蓄型分红险还需要在税前扣除保单红利支出，且实行现收现付式。按照规定，储蓄型分红险的保单红利比例应高于 70%，因此在后面的计算中，笔者采用 70% 的比例列支保单红利支出。

（一）分红人寿保险产品趸交保费方式的建模

令分红险的趸交纯保费为 P，毛保费为 P'，α 为固定附加保费，β 为浮动附加费率，则：$P' = P + (\alpha + \beta P')$，因为总能存在一个 γ_1，使得 $\gamma_1 P' = \alpha + \beta P'$。即 $P' = P + \gamma_1 P'$，即：$P' = \dfrac{P}{1 - \gamma_1}$。并且，分红人寿

保险产品符合现行税法规定中的"对一年期以上的返还型寿险产品不予征收增值税",享受免缴增值税的优惠。

假设分红险的纯寿险责任准备金为 R,同理 $R' = \dfrac{R}{1-\gamma_2}$。寿险营销佣金及手续费比例为 b,防预费率为 e,保险保障基金提取率为 f,分保比例为 g,救济性支出率为 j,保单分红比例为 k。保险投资收益率为 i,保险产品预定利率为 i_0,h 为退保率。P_0 为实际费差、利差和死差所计算的实际毛保费的精算现值。因此,趸交保费方式的分红保险与储蓄型人寿保险产品的所得税税基相同,都为:

$$\left\{\frac{P}{1-\gamma_1}[1-(1-h)b-(1-g)e-f]-\frac{R}{1-\gamma_2}\right\}$$
$$\times(1-j)-k\times(P-P_0)$$

(二) 分红人寿保险产品期交保费方式的建模

期交保费方式下,分红寿险的期交均衡纯保费为 P_t,毛保费为 P'_t(则: $P'_t = \dfrac{P_t}{1-\gamma_1}$),$\alpha$ 为固定附加保费,β 为浮动附加费率。假设分红险的纯寿险责任准备金为 R_t,同理 $R'_t = \dfrac{R_t}{1-\gamma_2}$,为实际费差、利差和死差所计算的实际毛保费的精算现值。其他参数和趸交保费方式下相同。因此,期交方式的分红型人寿保险产品的企业所得税税基为:

$$\sum_{t=1}^{n}\left\{\frac{P_t}{1-\gamma_1}[1-(1-h)b-(1-g)e-f]-\frac{R_t}{1-\gamma_2}\right\}$$
$$\times(1-j)-k\times(P_t-P_{0t})$$

(三) 分红人寿保险产品的企业所得税测算举例

寿险公司承保 40 岁的男性投保 10 年期的保额为 10 万元的分红两全保险,为便于说明结果和简化计算过程,假定分红险的保单红利均由利差益产生。且保单红利支出比例按照规定的最低比例 70% 支出,即 $k=0.7$,且保单红利均以现金红利支付。保险公司的投资收益率按照 4% 计算,即 $i=4\%$。根据财政部发布的关于保险企业的所得税相关规定,凡对予以扣除的项目作出具体上限规定的,本例中均按照相关规定的最高限额计算。由此可得 $b=10\%$,$e=0.8\%$,$f=0.15\%$,$j=1.5\%$。

由计算保障型产品中的介绍可设 $h=4\%$ 。

令： $g=0.25\%$ ， $i_0=2.5\%$ ， $\gamma_1=40\%$ ， $\gamma_2=25\%$ 。则经营该分红两全保险的企业所得税税基为：

$$\left\{\frac{P}{1-\gamma_1}[1-(1-h)b-(1-g)e-f]-\frac{R}{1-\gamma_2}\right\}\times(1-j)-k\times(P-$$

$$P_0)=\left[78320.82\times\frac{5}{3}\times(1-0.1\times0.96-0.9975\times0.008-0.0015)-\right.$$

$$\left.78320.82\times\frac{4}{3}\right]\times0.985-0.7\times(78320.82-67836.15)=5002.36\ 元$$

二、万能人寿保险和投资连结保险产品的企业所得税

寿险公司经营万能人寿保险（以下简称为万能险）和投资连结保险（以下简称为投连险）作为寿险业的新型保险产品，根据现行会计准则规定，两者的收入仅包括以下三种：风险保费、初始费用和保单管理费。综合《中华人民共和国企业所得税法》第五条的规定，企业的每个纳税年度的应纳税所得额等于该年度的收入总额扣除掉各种免税、不征税收入和允许的利润弥补之后的余额。

两者的运作模式大致相同，具有很多的相似之处，例如，都是通过收取账户管理费来获得收入的，费用都比较透明，两者的费用扣除方式也都相同。万能寿险和投连险都是在扣除了初始费用后，部分资金将用作保险保障，其余资金将投入到独立的资金帐户，由专业的投资专家对账户资金进行保值增值。

投连险与万能险不同的地方仅体现在：

第一，投连险并没有最低保证结算利率，也就是说投保人要承担更大的损失风险，投资连结保险的保额一般由投保人投资账户价值决定，因此，投资连结保险的保额一般是不确定的，也没有最低保证收益，投资账户风险由投保人承担，更类似于不保底的基金；而万能险具有最低保证利率，保险公司存在相对投连险更大的风险，虽然保证结算利率并不高，但保险公司也要防范亏损的可能，更类似于保底基金。

第二，投连险的投资账户相对比万能险的种类更多，更适合风险偏好者的不同类型的投资需求满足，只是投连险的缴费方式没有万能险那么灵活。

由此可见，投连险与万能险的盈利方式十分类似，差异方面仅从保险保障成本的提取额度应有所区别。既然两者本质相同，且该险种保险保障部分的所得税与前述保障型保险相同，本书仅就选取趸交保费型的万能险[1]的企业所得税进行建模测算，对投连险的企业所得税税基的测算不再赘述。

（一）经营万能人寿保险和投资连结人寿保险产品的企业所得税税基建模

令总保费为 P'，初始费用率为 c，保单管理费用为 d，死亡保障费用率为 l，买入卖出差价为 m，投资账户管理费率为 n。

假设寿险营销佣金及手续费比例为 b，防预费率为 e，保险保障基金提取率为 f，分保比例为 g，救济性支出率为 j。保险产品每一期的结算利率或投资账户收益率为 i_t。

由于万能险和投连险的保费收入中，投保人的投资账户价值部分不再计入保费收入部分，只将初始费用、其他相关费和保险保障成本计入保费收入。其中初始费用是投保时从总金额中扣除的，其余费用与保险保障成本是在投资单位的基础上按照一定比例扣除的，且万能险与投连险均不提取准备金。由此可见，趸交方式的万能寿险和投连险产品的所得税税基为：

$$\{[P'c + P'(1-c)l + \sum_{t=1}^{\infty} P'(1-c)(1-l)\sum_{t=n}^{\infty}[n_t\prod_{t=1}^{n}(1+i_t)]$$
$$+ \sum_{t=1}^{\infty} d_t + P'(1-c)(1-l)(1+i_1)\prod_{t=1}^{n-1}(1+i_t)(1-n_t)m]\}$$
$$[1-(1-h)b-(1-g)e-f]\times(1-j)$$

（二）万能寿险与投连型人寿保险产品企业所得税的测算举例

仍然是 40 岁购买投连险的男性投保人，购买额度为 10 万元的投资连结保险或万能保险，选择稳健型投资账户。死亡给付金在保单价值未超过保底金额前为保底的 10.5 万元，当其超过保底金额后为保单价值。假设初始费用率为 1.5%，保单管理费为 5 元/月，买入卖出差价为 2%，保险保障成本为 0.5%，且五年之后的退保费用为零。为便于计

---

[1] 趸交保费型万能寿险产品性价比较高，所以在所有万能险产品中比重最高。

算，假定年结算利率或投资收益率为 4% 恒定值，投保人于投保 10 年后退保，将保单现金价值全额提取。

则保险公司在该款保单中，企业所得税税基的简单累加值为 $(100000 \times 1.5\% + 5 \times 12 \times 10 + 98500 \times 0.5\% + 2901.5) \times 0.89452 \times 0.985 = 4840.76$ 元。

本 章 小 结

至此，本章开头提出的两个研究目的均已达到，总结如下：

一、寿险公司经营寿险业务的税基高于银行，造成资本流入困难

从本章的模型推导与数据实测两方面均证明了寿险业务的税负高于银行业，具体表现在以下两方面。

（一）极高的增值税致使保障型寿险业务的企业所得税税基发生扭曲

数据表明，同资金量的保障型寿险业务与银行业务相比较，按照现行税制，寿险业务增值税税基竟然是按实际营业收入计算的真实税基的 40 倍，是银行业务税基的 166.87 倍。悬殊的差距导致寿险业务的企业所得税税基产生了极大误差，极度不科学、不客观，按实际营业收入方式核算的真实总税额为 81.85 元的保障型人寿保险业务，按现行税制却被征收了 227.17 元的总税额。

（二）经营储蓄型寿险业务的企业所得税高于银行储蓄业务的企业所得税

通过实测发现，相同资金量的储蓄型寿险业务与银行储蓄业务比较，寿险公司的企业所得税基为 13904.56 元，需缴纳企业所得税税额为 3476.14 元；而银行的企业所得税税基仅为 7327.16 元，需缴纳的企业所得税税额仅为 1831.79 元。

通过以上两方面，我们可以明显看出，同样资金量、相同性质的业务，人寿保险公司缴纳的税负要远多于银行。这就导致投资于寿险业的资本因为较高的税负，无法获得投资于银行业的相同资本的投资回报，带来的直接后果便是资本从寿险市场流出，流入到银行业，从而给寿险业带来资本短缺的风险。

二、投资型险种的税基过小，导致寿险产品结构失调

通过测算，寿险企业经营同是 10 万元保额的寿险业务，经营分红保险的企业所得税税基为 4840.76 元，万能险与投连险的企业所得税税基为 5002.36 元，而经营储蓄型寿险的企业所得税第一年就达到了 13904.56 元。从以上数据我们不难发现，投资型人寿保险的企业所得税税基大大高于储蓄型人寿保险。这就侧面鼓励了寿险公司通过扩大投资型寿险比例，缩减储蓄型寿险经营规模，来实现减少税负支出，达到获得更多利润的目的。从而使得具有养老保障作用的储蓄型寿险在业务中的比例减少，而使得保障功能较弱的投资型寿险充斥在市场中。

三、储蓄型险种所得税税基过大，导致收入分配不公

而且，购买投资型寿险的投保人通常是已经满足了基本保障和养老需求的高收入阶层，希望通过投资型寿险获取资本市场的投资回报，现有的所得税制对如此明显的盈利行为采取优惠的所得税政策；反而对需要养老，希望通过储蓄型寿险解决未来养老问题的阶层征收更高的所得税，明显地违背了税收公平原则，造成了收入分配的不公平。综上所述，测算表明寿险行业的所得税制存在着三个方面的不足，第一，寿险行业的税负过高，表现在看似统一的所得税制度，却在与银行业务对比测算中得出行寿险业税负过大的结论；第二，经营各寿险产品的税负待遇的不匹配，投资型寿险产品显而易见地有收益，但现行所得税制度却使得投资型的产品所得税税基更低，而对于保障型和储蓄型险种，所得税税基却更高；第三，对寿险购买者的不公平，三个产品的寿险需求和购买目的截然不同，竟然采用同样的税制，看似公平，却鼓励了富裕阶

层更多地通过购买投资型产品获得投资回报、转移财产给后代，反而不用缴纳所得税；对生活压力大，需要保障型和储蓄型寿险产品来转移、分散风险的被保险人却需要承担更重的税负。因此，只有站在寿险经营的角度上，考虑经营的差异性特征，将税收原则综合运用到寿险业务中来，才能设计出科学的所得税制度。

第七章

我国商业人寿保险所得税课征的原则

第一节　商业人寿保险所得税中的税收公平原则

公平是法律的基础，也是税收征管工作需履行的基本职能，是政府树立公信力的基本保障。具体到人寿保险税收制度，可认为公平至少包括两个方面：一是制度性公平，指的是课税制度的设计要公平，即税法理论中的横向公平和纵向公平；[①] 二是管理性公平，即满足税收征管中的一致性。[②] 税收制度只有符合公平的基本要求，才能为进一步细化规则奠定坚实的基础。税收制度的实质便是其制度必须符合公平的理念，应该将这一理念贯彻到人寿保险所得税制中。

一、商业人寿保险所得税中税收公平原则的价值取向

由于公平是法律的根本性价值取向，在法的精神下企业所得税法律制度必然也需要围绕这个价值核心来体现。尽管在制度设计过程中，由

[①] 关于纵向公平，会在本章第二节具体讨论。

[②] 刘剑文．贯彻依法征税促进公平正义实现税收法治 [J]．中国税务，2010（7）：17 – 19.

于历史和现实的原因，可能某些制度和条文设计与公平之间存在一定偏离，但是公平所具有的天然属性，会使得暂时不公平的制度渐渐向公平靠拢，最终实现公平的目的。作为税收法律制度基本原则之一的税收公平原则，是法的公平原则在税收法律领域的体现，其体现的正是社会公平，即从纳税人地位平等、能力平等、政策平等等角度，把握税收公平的具体内涵。

公平在经济中的意义在于，公平将指导着经济权利与经济义务的分配，使法的价值宗旨在经济中得以实现。这是一个宗旨，追求的不仅仅是形式意义上的公平，而更应该的是实质意义上的；不仅仅是机会意义上的公平，而更是结果意义上的。税收法律制度的设计反映的是国家和社会对经济体之间关于权利与义务公平分配的态度，只有真正认识了，态度端正了，后续的形式公平、程序公平才会慢慢实现，否则公平便是不完整的。同理，尽管人寿保险企业与银行、证券企业的经济实力和社会作用差异悬殊，但金融企业之间也享有平等的权利。而且，所得税对企业来说在本质上是一种负担，适用于金融行业的企业所得税制，其公平原则应体现在两方面：第一，金融各行业之间适用税率不但应该相同，而且最重要的是税基应反映公平原则，只有这样才能使企业在公平的竞争环境下展开竞争；第二，对于金融业各行业又需要区别对待，对金融业中不同行业属性的企业采取税收差异措施，从而进行微调，进一步促进金融行业内部企业之间的平等，进而促进资本在金融业各行业间的流动，有利于均衡发展。

二、将税收公平原则应用于商业人寿保险所得税制定

（一）寿险企业应获得在所得税的税收公平权利

作为不同纳税人的不同性质企业，在金融行业中，他们之间的税负保持均衡不能忽视，同样反映在公平的内涵上。金融企业之间的税负公平体现在均衡履行国家的税收义务，具有同等能力的寿险企业应获得与其他金融企业承担同等能力的税负的权利。企业间的税负均衡如果被打破，寿险企业的经营平衡会被随之打破，引起险企股东对同等资本因税负不公无法获取同等收益，从而转移资本的结果，进而导致因税收不公

带来的资本调配能力丧失。因此，在市场经济条件下，企业所得税制作为针对金融企业经营所得进行征税的一种重要的税种，通过征收企业所得税增加国家税收只是一方面，更要从宏观经济均衡发展、实现国家对金融行业的调控的角度考虑。

虽然金融行业有着负债经营的共同特点，但毕竟各行业业务性质存在差异，而由业务差异带来的税收优惠政策差异，也会使金融行业内部实际税负存在差别。从本书第四章金融行业税制比较和第六章的测算结果来看，人寿保险企业所得税的实际税负水平高于银行企业，这就造成了银行企业相比寿险企业有更高的竞争能力和盈利能力。具体表现在经营相同数量资金、经营范围等条件基本一致的情况下，仅仅由于寿险和银行企业所属行业的不同，而承担不同的税负，而造成金融企业之间在竞争能力和运用资本方面出现巨大的差异，不利于寿险企业规模和效益的扩大。

随着资本全球化进程的推进，不公平的所得税制必然会引导资本的不理性流入，流入到税负低的行业，尽管有可能资本流动总体规模不变，但不均衡的流动却会恶化资本环境，增加该国资本市场的不稳定，长此以往必将导致资本市场发展的不平衡。因此，贯彻税收公平原则不仅是法治建设的需要，更是我国资本市场健康稳定发展的需要。

（二）被保险方的个人所得税收公平

在市场经济条件下，对投资金融资产的个人征收所得税有利于调节各阶层的收入水平，增加税收以及强化社会的公平与效率。

1. 实现金融产品投资者或购买者纳税负担与能力之间的公平

税收在本质上是一种分配活动，税收关系体现的乃是一种分配关系。税收分配关系与一般分配关系不同：第一，税收分配是以国家为主体的分配，国家总是占据主动的一方，税收活动是按照体现国家意志的法律法规的规定来进行的。第二，税收分配是一种强行性的活动，且适用于所有的社会成员。第三，税收分配是为实现国家职能所进行的分配。① 既然在这种分配关系中国家为制度设计主体，那么设计的寿险所得税制度就必须使得基于差异化目的导致的购买不同类型寿险产品的投

---

① 王鸿貌. 税收公平原则新论 ［J］. 浙江学刊，2005（1）：178－180.

保人的税负保持均衡。因为，对被保险方不公平的税负，无法实现甚至还会破坏税收对财富的分配，会使需要基础保障的投保人承受高额税负，损害投保人利用保险转移基础风险的欲望。因而，站在产品合理分类的角度上分析投保人的不同购买目的，保持投保人的税负与投保人的能力之间相互公平，则有助于实现税收公平。对保障投保人的纳税权益，促进社会稳定与保险的社会管理功能之间的关系，都具有重要的意义。

2. 寿险所得税制度还需要做到横向公平使投保人之间的税负保持均衡

横向公平是指纳税能力相同的人应负担相同数额的税收，即同等情况同等税收。[①] 具体到人寿保险，就是使得使用同样资金量基于同样资金使用目的的购买寿险产品的投保人的税负与购买其他金融产品的购买者的负担能力保持均衡，如以横向公平为指导，购买储蓄型人寿保险的投保人与将资金存入银行以期获得利息的储户，购买投资连结保险的保单持有人与投资股票的持有者，他们之间的税负应该保持均衡。只有这样，纳税人之间的税负保持均衡才能体现公平的内涵。

120

第二节　商业人寿保险所得税中的实质课税原则

当商业人寿保险所得产生"实质"（事实）与"形式"（外观）不一致之时，是依据所得"实质"，还是依据所得"形式"，判断依据不同所适用的税法也不同，学者普遍认同应该依据所得"实质"而非"形式"进行课税，这正是体现了商业人寿保险税法实质课税的原则。商业人寿保险税法的实质课税原则可以细分为形式转移不课税与实质受益者负税。商业人寿保险不同险种所得有不同的性质，要对区分不同险种进行课税，才能体现商业人寿保险的实质课税。本节从商业人寿保险三个类别保障型产品、储蓄型产品和投资型产品分别阐释商业人寿保险税法的实质课税原则。

---

① 侯作前. 税收公平原则的系统分析及其价值定位［J］. 山东财政学院学报（双月刊），2003（3）：31－35.

一、将实质课税渗透到人寿保险产品类别中

（一）保障型商业人寿保险的实质课税

1. 对保险人的实质课税

保障型商业人寿保险是对被保险人而言保障程度最高，费率低的保险产品。保险费包括纯费率和附加保费。纯保费以死亡率与预定利率为计算依据，保险人收取保障型商业人寿产品的纯保费与其给付金额现值相等，保险人期望效用值等于零，保险人行为"形式"是收取一笔不菲的保险费，倘若就此对这笔保险费征收所得税，势必会对保险人不公。而应该考虑到保险人收取保险费构成了保险基金，最终将给付给受益人，对收取保险费的形式所得不予征税；除非由于精算假设与实际情况产生误差，保险人在给付全部保险金之后，依然有盈余，才是保险人实质所得，对此盈余进行征税，才能体现实质课税原则。

其次，保障型商业人寿保险的附加保费用于业务费用、佣金支出、营业费用、利润，只有附加保费里的利润为保险人的实质所得，只应对这部分的所得征税。然而，业务费用用于业务的推广，佣金支出付给代理人的酬劳，营业费用是为了维持保险人的正常经营管理所必要的开支，所以附加保费除了利润之外的费用属于保险人的形式所得，需要支付给其他人，若对其征税损害保险人的利益。

2. 对受益人的实质课税

当被保险人发生保险事故时，保险人依照保险合同的约定向受益人给付保险金。对保障型商业人寿保险受益人进行实质课税时，则依受益人是否为投保人情况而应有所不同。若被保险发生保险事故，受益人为投保人时，仅依据税法实质课税原理应对投保人领取保险金与保险费差额的部分缴纳所得税。若被保险人发生保险事故，受益人为投保人以外的第三人，那么依据税法实质课税原则，应就所给付的保险金全额缴纳所得税。当然，为了发挥保险的保险金给付与社会管理的职能，维护社会正常的秩序，国家制定税法时，对不超过一定保险金给付时免征所得税。当然，保障型人寿保险毕竟是以被保险人的生命为保险标的的，对待受益人领取的保险金是否应该课税，除上述两种情况外，真正制定所

得税制度时，还应考虑其他情况，比如所在地区风俗、人文等实际情况。其适用性已得证。

（二）储蓄型商业人寿保险的实质课税

1. 对保险人的实质课税

储蓄型商业人寿保险包括终身寿险和两全保险，含有很高现金价值。终身寿险是被保险人发生死亡与全残保险事故时，保险人给付给受益人保险金。两全保险是将定期寿险与生存保险相结合，无论被保险人在保险期间内死亡还是生存至保险期限结束，都给付保险金的险种，必然会发生给付。故储蓄型商业人寿保险在未来某一不确定的时间里皆会发生给付每份保单的受益人，而且这种给付是必然的。保险人收取的储蓄型商业人寿保险保费大部分都成为准备金，以应对未来必然的给付。从形式而言，保险人获得保险费并未支付相应的对价，相当于获得了投保人的无偿赠予，对这部分的所得应该予以课税。然而，实质上保险人对保费并无完全的所有权，只具有管理的权力，而没有最终从保费获益的权力，从实质课税原则分析对保险人所取得的储蓄型商业人寿保险费所得不应征税。

保险人承保储蓄型商业人寿保险时，于保险合同约定从保费中提取少量的金额，用于保单维持费用与保险人的酬劳。向保险人支付的酬劳所得应征税，这部分是保险人的实质所得。

2. 对受益人的实质课税

若终身寿险的受益人是投保人，那么与保费相当部分保险金为投保人的资金的形式移转，金额相等，资金名称从保费转变为保险金，并无收益，所有权人一直没发生变化，对其不应该课税；保险金高于保费的部分是投保人的实质所得，应当课税。若终身寿险的受益人为投保人以外的第三人，那么从保险人给付的保险金全额为受益人的实质所得，应对其全额征税。

两全保险的生存受益人一般为被保险人，若投保人是为自己投保，那么在保险期限届满时仍生存，获得生存保险金。与保费相当部分保险金一直为投保人所有，这为资金在法律形式上的移转，在经济实质上资金不存在移转，因而依据实质课税原则，对这部分的资金不应征税。保险金超过保险费的部分资金是保险人代为投资所产生的收益，投保人是这部分收益的最终受益人，也是投保人的实质所得，应该征税。两全保险的死亡受益人不可能是被保险人，若投保人为自己投保，被保险人在保险期间内死亡，受益人获得保险金，受益人并无支付对价，可以看作被保险人的资产赠予或继承，保险金为受益人的实质所得，应对其全额征税。

（三）投资型商业人寿保险的实质课税

投资型商业人寿保险与信托投资的方式并无本质的区别。投资型寿险在合同成立时保险人接受被保险人转移的保险费是货币资金，在保险合同存续期间，受益人得到保险人给付收益也是货币资金，在保险期限届满时，保险人交还给保单持有人的财产还是货币资金。保险合同存续期，保险人为了受益人的利益，可以将保费积累的现金价值的形式转变为有价证券，赚取利差，在给付受益人保单红利、账户价值时将有价证券出售以转为货币资金。投资型商业人寿保险与信托中的金钱信托颇为相似，投保人基于对保险人的信任，将保费交于保险人委托管理。当被保险人发生保险事故时，体现的是常规的保险合同，保险人向受益人给付保险金，保险合同履约终止；倘若在保险期间被保险人不发生保险事故，保险期限届满，保险人向保单持有人给付以生存给付金形式的保险金或现金价值，实质是已经升值的账户价值。

1. 对保险人的实质课税

投资型商业人寿保险分为投资连结保险、万能保险与分红产品。投资连结保险的保障水平较低，一般为投资账户资金的5%，同时投资风险均由投保人承担。投资连结保险若去除低额的保障，几乎可以等同于资金信托。投资连结保险就如同信托在资金转移的过程中充当导管的作用，在签订投资连结保险时，投保人将保险费移转给保险人，从法律层面而言保险费的所有权从投保人移转到保险人，保险人并没有支付任何形式的对价，表面等同于接受了投保人的无偿赠与，但需要注意的是保险财产的受益权并不属于保险人，在不发生保险事故时，最终保险人需要将保险财产及收益给付给受益人。倘若发生保险事故，需要将高于保险财产与收益的保险金给付给受益人。故保险人得到保险费仅是形式上的移转，没有获得收益，据税法的实质课税原则不应对其征税。经营投资连结保险收取的账户管理费是保险人唯一的收入，这收入扣除保险人经营投资连结保险必要费用是保险人的实质所得，对此实质所得征税符合实质课税原则。

万能型保险有最低保证利率，保障一般为投资账户资金的一定百分比，保险人选择风险小的投资方式，风险在保险人与投保人中分担。虽然万能险有最低保证利率，但是超过保证利率的部分是不确定的，类似于浮动利率的存款。税法意识到银行的实质所得为存贷利差而不是存款，只对银行存款的存贷利差课税。为保持制度的一致性，保险与银行存款类似的业务应该给予同样的待遇，对保险公司实际利率大于预定利率的部分课税。

2. 对受益人的实质课税

当受益人为投保人本身，从保险人给付的保险金大部分为其支付的保险费，受益人收到保险费返还的保险金部分，为受益人保险财产的形式移转，并不给受益人带来收益，不应对保险费返还的那部分保险金征税；保险财产增值部分为受益人因保险而产生的实质所得，应予以征税。当受益人为投保人以外的第三人，因被保险人发生保险事故，而获得保险金给付时，应该视该行为为保险财产的无偿赠与，受益人获得了无偿的所得，应对其获得保险金的全部征税。

二、将实质课税应用于商业人寿保险公司的企业所得税制定

为防止人寿保险公司为了减轻税收负担，将子企业注册在摩纳哥、百慕大、安道尔等地，将其包装为外资保险公司，但其主要的资金来源依旧是国内的股东，且主要的业务市场没有改变依然是国内的保险市场，若不对其按照内资保险公司的标准进行课税，则会鼓励注册地为国内的保险公司将其子公司注册地转变为国外，导致税源的流失。按实质课税原则应该对注册地在国外但其利润来源于国内，同时主要的业务市场处于国内的寿险公司，认清其经济目的和经济生活的实质，依照资金流向征纳企业所得税，而不能根据其外表和形式来确定。

（一）保险集团离岸股权低价转让

境外的保险集团通过离岸股权低价转让获利。离岸股权低价转让大

部分为关联交易，通过低价或平价转让。企业之间通过频繁的关联交易来影响真正的市场价格，市场交易价格被人为操控，进而股权的真实价格被掩盖，因为股权转让所得很少，使得内资保险公司规避部分企业所得税。一些居民企业转让的股权，为低价或平价转让，增值少或没有增值，征收企业所得税很少。事实上居民企业向来经营业绩良好，即便不考虑其利润使得公司资本增加，其名下有些资产例如房产与地产的公允价值已增值数倍，这样的股权低价或平价交易明显不符合常理，对税务机关而言，这样的股权低价转让使得企业所得税税收流失，应依照第三方评估保险公司的真实股权价值作为确定其转让所得的依据，发挥实质课税的原则，保护税务机关的利益。

（二）再保险交易定价

再保险又称为保险的保险，是指原保险人将其承担的部分保险责任转移给其他保险人的商业行为。再保险属于承保风险的二次纵向分散，由于其所拥有的具有把既有风险在时间上、数量上进行有效分散的特点，所以在现代保险市场中相当常见。但正因为其分散风险的有效性，体现在风险的全球分散上，所以，必然会带来保费的全球分散。基于所得税的税基是保费收入减去若干扣除项，那么全球分散的保费收入就会带来所得税税基的变化。这就导致有的寿险公司利用再保险和各国所得税制的差异，改变企业财务结构和所得税结构，进行所得税的规避。甚至可以将税转移至更为有利的地区，造成税源流失、税负不公和地区不公。因此，实质课税原则应适用于再保险交易及其定价。

（三）保险公司关联方内部无形资产的使用费

保险公司作为服务性企业，无形资产对其有着十分重要的意义。母公司授权子公司使用其无形资产包括商号、风险评估软件、定价软件、保险合同的样本等。通常母公司授权子公司使用无形资产时，收取一定的无形资产特许权使用费。对母公司授权的无形资产特许权使用费应该采取什么方式合理定价，这在实际操作中成为难点。在有形资产交易中，一般参照可比交易进行定价。然而无形资产交易不易有可比交易，即便有可比交易，可无形资产的价格变化大，使得其正常交易价格难以确定。故无形资产价格的评估相当困难，而跨国保险集团为了实现交易成本最小化，可以按照最小化成本的目标自行确定无形资产的内部交易，反而会造成利润来源国的所得税流失。

（四）保险公司中心服务费

寿险公司集团化趋势日益明显，寿险公司通过建立金融集团，从事多种业务，比较大的保险集团下甚至还包括银行、证券和基金公司，组织结构非常完备。通常由集团母公司成为服务中心，负责共性服务，以节省整个集团的运营成本，提高价格竞争力。提供的中心服务其中就包括税务服务。正常情况下，发生的中心服务费流向都很清晰，税务机关和保险监管部门都可以对中心服务以及发生的中心服务费进行监管和稽核。但由于提供中心服务，相比从事的保险业务，并不需要太多的人力和资本，鉴于寿险集团经营保险业务的专业化程度，因此该服务很容易被寿险集团转移到海外，由关联单位操作，甚至转移出去的还包括基础的保险业务。

如果只是像我国现有的税制执行，则会导致寿险集团首先在内部对业务进行重组，由旗下的银行、证券、基金公司代为运作，以规避国内的所得税制度。在国内无法规避的，可以由集团整体打包发往服务中心，造成不公平的税负和税收流失。此时，实质课税原则的运用就非常必要，国内的业务可以通过对税制的调整实现，而转移出去的业务是由海外机构完成的，则把国内流出业务的机构视为寿险经纪人，依据国际寿险经纪人的市场佣金价格进行评估纳税。由于目前我国寿险市场的发展阶段局限，还未出现这种复杂的情况，但理论研究应该先行到达，而处理这类问题最好的办法就是在充分调研，摸清资金流向和运作方式后使用实质课税原则。

第三节　商业人寿保险所得税中的
应能课税原则

应能课税原则应用于商业人寿保险的法理基础实质上是应能课税原则在商业人寿保险中的适用问题。为了阐述商业人寿保险适用于应能课税原则，首先需要在明确应能课税原则和商业人寿保险制度基本理论问题的基础上进行综合分析，理顺其中逻辑关系，导出其适用的法理基础。本节从商业人寿保险的特性、功能入手，从商业人寿保险在社会管理的功能角度，论述应能课税原则的定位，主要从以下两个方面进行论述，第一，在征税层面上，从征税制度的制定到税收的征收是否适用应能课税原则，第二，将商业人寿保险资金的运作流程具体细分，对投保人、受益人和保险人的所得根据应能课税原则具体分析该如何适用，最后再分险种对不同类型的保险险种就其特殊性适用应能课税原则进行分析。

商业人寿保险是以被保险人的生命作为保险标的，以被保险人的生存或死亡作为保险事故，并在保险期间内发生保险事故时，依照保险合同给付一定保险金额的一种人身保险形式。与一般金融商品相比较，商业人寿保险一般具有保险期限的长期性，保费的均衡性，以及具有保障性、储蓄性和投资性的多重特性。商业人寿保险在社会经济中发挥着保险金给付，经济补偿，资金融通，防灾防损的职能，是市场经济体制下风险管理的重要手段。商业人寿保险在支持我国经济长期发展，强化我国的整个金融体系以及促进社会的和谐与稳定上有不可替代的作用。寿险业壮大有利于完整我国的金融体系，纵观世界各国有着强大金融市场的国家必有一个强大的保险市场，并且寿险业能够为我国经济的持续增长提供长期、稳定、大量的资金来源；寿险业发展可以作为对社会保障的补充和加强，有利于促进社会的和谐与稳定。

应能课税原则是所得税法的基本原则之一，它秉承了公平、法治、自由的原则。应能课税原则是在税收的发展过程中应运而生的。在最初的原始状态下人们互相缔结契约形成了最初始的国家，而税收的条款可以看作是人民与国家之间的税收契约。在西方税收思想漫长的发展史上，根据衡量税收公平的依据不同，主要存在着税收利益原则和支付能力原则这两种原则。税收利益原则认为税收制度是一种交换关系的体现，人民缴税是为了获得公共服务，国家提供公共服务并且征税，所以人民缴税的税额应该和他们所享受到的公共服务价值相一致。但是一方面人民缴纳税费的数额与其享受利益程度的关系并不能被准确衡量，另一方面国家征收的税款用途包括为纳税人提供公共服务和实现国家管理

127

职能。第二种原则是支付能力原则，主张"税收牺牲说"，①这里的"牺牲"是指纳税人在其纳税后与纳税前相比较所减少的满足与效用。属于比较主观的判断，无法进行定量研究，在实际操作中也难以把握。所以进而出现了"客观能力说"，该理论的贡献在于以所得为客观能力标准，这一标准后来被证实为稳定而可靠。基于此，"客观能力说"提出的观点被逐渐借鉴和演化，最终形成了应能课税原则。

一、将应能课税原则应用于商业人寿保险税收制度的制定

人民之纳税义务，乃作为私有财产与私经济体制之必要对价。②所以说税收是人们对其所享有的法律保障以及政府所提供的公共服务的代价，另外税收的收取也会加大人民的负担，人民在经济生活中所做的决定都会受到税收制度的影响。所以在制定税收制度时一方面要考虑到税收的收取需要满足政府为人民所提供的服务，不然政府财政赤字也无法有效的运转，会影响到经济民生，另一方面也要填补由于征税对人民所带来自由限制的漏洞，如若不能，税收也失去了它本身所具有的保障意义。在我国建立商业人寿保险税收制度的时候一方面要考虑对有缴税义务的人员进行征缴，另一方面也需考虑税收的适度问题，不能因为税收的缴纳而影响到纳税人正常的运转而产生相反的效果。

立法者在立法时除了需要考虑满足政府的财政需求以为人民提供服务和保障人民的自由权利不至于税负过重之外，还需立法是合法正当的，应符合国家立法所规定的程序，与其他法律规范协调一致，需受到立法价值的约束，不能将税法看作是一个单独的个体而应将其放入整个法律体系之中综合考虑以确定使用何种税收制度。税收制度的制定必须是可以增进社会总体福利水平的，税收的收取是在牺牲利益最小的情况下获得了最大的福利收获，如若因税收的征收导致社会总体福利下降，那样的税收制度是没有必要的。在对商业人寿保险的税收制度设计时便应遵循以上要求。

对商业人寿保险的所得征税，实质是商业人寿保险业务的参与者将自己私有财产的一部分转交给国家，用来满足国家特定的社会或经济政

① 功利主义学者约翰·穆勒首先提出。
② 葛克昌. 税法基本原理——财政立法篇［M］. 北京：北京大学出版社，2005.

策目的。这种重新分配必须有法理上的依据，根据德国公法学者基希霍夫（Kirchhof）的观点：所得的产生原因是出于经济的交往，从市场交易的参与而来，而由于市场是由国家来维持其秩序的，所以寿险业务受益者有缴纳所得税的义务。这是征收所得税的理论基础，也是判断是否需要征收所得税的标准。

二、将应能课税原则应用于商业人寿保险的税收缴纳

商业人寿保险所得税的课征对象包括了保险人、投保人和受益人等寿险业务受益者，在从事商业人寿保险过程中所新增加的所得，为了具体分析各种所得如何适用应能课税原则，我们首先应清晰地了解在整个保险流程中资金是如何流动的，收益都产生于哪些地方，然后再针对其进行具体的分析。有鉴于商业人寿保险形式多样，不同类型险种的资金流动，所得产生，以及是否应承担税收都不尽相同。

在整个商业人寿保险运作过程中，投保人交纳保险费，我们称为毛保费。毛保险费由纯保费和附加保费构成，纯保费的收取目的是保险人用于给付给被保险人或受益人的保险金，属于经营成本之一。由于在商业人寿保险中大都采用均衡保险费的方法，所以，投保人所缴纳的保费中的纯保费部分，又可以分解为危险保费和储蓄保费。其中，危险保费是用来支付当年保险金的给付，储蓄保费逐年以复利累积，用来弥补未来年份保费收支不平衡的差额部分；附加保费用于补贴保险人经营过程中所发生的各种费用、税金。所以我们可以看出保险公司所收取的纯保费并非都是保险公司的利润，其中绝大部分都会因为保险事故的发生而赔偿或者给付给被保险人或者受益人。

为了保障寿险公司能兑现其承诺，《中华人民共和国保险法》第九十八条规定"保险公司应当根据保障被保险人利益、保证偿付能力的原则，提取各项责任准备金"。第一百条规定"保险公司应当缴纳保险保障基金"。我国商业人寿保险公司主要提存未到期责任准备金、保险保障基金、总准备金这三种。由于寿险具有长期性，未到期责任准备金是用以赔付未来保险金的支出而计提的准备金，商业人寿保险公司计提准备金之后为了保证盈利以及赔付便会将资本金、未到期准备金、保险保障基金、总准备金以及承保盈余作为投资主体进行投

资，准备金的功能是用于给付准备，理应进行税前扣除，但其投资收益按应能课税原则应对其课税。

（一）商业人寿保险总体适用应能课税原则

纳税是国民为了享有政府提供的公共产品和法律保障所付出的经济代价，不纳税就无法享受，这是纳税的基础也是纳税的因由。商业人寿保险公司在市场行为中享受着政府所提供的公共服务并且从市场交易中获得收益，所以以此为由保险公司应该对其所得进行纳税。纳税虽然保障了国家可以为人民提供服务却同时也使人民自身的财产产生了减值，如果人民所得税赋税过重，那么国家所提供的保障就没有现实的意义了，所以所得税也需适度。商业人寿保险公司在市场行为中虽然获得了收益，但是衡量对其所得所征税款的适度性，在保证国家提供足够服务的同时，也保证纳税义务人的负担不至于减少其对国家提供的保障，这便是应能课税原则所可以解决的问题，根据商业人寿保险公司在市场行为中产生之所得的来源、用途、政策的引导，其他税收的负担等情况进行综合分析以确定符合纳税义务人负担能力的税收。这样便可以同时保证国家和企业的利益，使之达到最优的均衡状态以实现双赢。

商业人寿保险公司在运营过程中会产生许多表面的收益，比如死亡给付金，残疾给付金等。若按照传统的受益者课税原则那么受益人则需要缴纳所得税，但是死亡给付金的受益人一般都是经历了失去亲人的痛苦或失去了家庭的经济支柱，而且人的生命与身体本就无价，受益人失去的本就无法衡量，所以对这些所得进行征税并不合理。应能课税原则则会根据纳税义务人的具体情况衡量其纳税额，确保了国家对每位国民的给付不受其给付的税额影响。所以从这个角度看应能课税原则不仅适用商业人寿保险，而且能够切实解决在征税中存在的实际问题。

我国当前的税法制度特别是针对保险业的税法制度并不完善，许多细节东西并未有明确规定，所以纳税义务人可能会抓住法律条文的漏洞进行偷税漏税，而应能课税原则则是以纳税义务人所能够承担的税负能力大小来衡量义务人是否需要纳税，可以避免纳税义务人以法律条文的规定漏洞来偷税漏税。商业人寿保险公司本身就是经营风险的企业，整个寿险市场上的寿险企业经营者管理着很大一部分的人寿风险，起着社会风险管理的作用，商业人寿保险公司除了本身最大的盈利目标之外，客观上有着帮助国家进行风险管理，稳定社会秩序，保障人民群众生活的事实，现在所得税的观点认为所得税是国家参与私人盈余分配的行为，所以国家应当和私人共担营业成本和风险，以量能课税原则来衡量税负，可以扩大国家风险衡量的视野，综合考虑保险业的社会功能之后进行课税以实现全社会风险管理的最优配置。

（二）保险人所得税的缴纳适用应能课税原则

在保险公司所需缴纳的税款中对增值税的负担较重，[①] 在目前增值税的负担不能减轻的情况下应该在所得税上对保险公司予以优惠。况且目前我国保险市场处于寡头垄断向垄断竞争阶段过渡，竞争不够充分；保险业在金融业中处于劣势，但同时保险业又是金融业对外开放的排头兵，随着保险市场的进一步开放，保险企业所遇到的竞争也会越来越大，不论是从引导市场充分竞争还是扶植保护保险业的角度都应该考虑对保险企业给予税收上的优惠，特别是针对中小型保险企业的税优更为重要。而且目前如美国和英国等国家都对小型保险企业在税收上采取了优惠政策以扩大市场竞争和培育发展小公司，我国在这方面也应该出台相关政策规定。

对于保险公司来说，财产的增值主要来自承保收益和投资收益。根据应能课税原则所得税的课税对象应为新增加的财产，而非财产本身，也不包括私有私用的财产，并且值得注意的是所得税的课税对象也并非是所有资产的增加值，而只是对参与实物和劳务给付部分进行征税。这是因为政府在此过程之中提供了经济引导，经济监督，经济政策，教育，治安等公共服务，这是纳税人获得盈利的基础，因此应征收所得税；若是处于封闭经济，未受政府所惠，即便产生了新的财产增加值，也不需要缴税。所以对保险公司的承保收入应该征缴所得税，对由未到期责任准备金、保险保障基金、承保收益、资本金等投资资金由于投资所获得的收益应该缴纳所得税。对未到期责任准备金，保险保障基金，资本金本身不应该征收所得税，由于总准备金来自保险公司的营业利润所以总准备金也是需要缴纳所得税的。由于我们以量能课税原则作为衡

---

① 一方面与银行等金融机构相比较银行以存贷差作为税基而保险公司却以保费收入作为税基，另一方面5%的增值税率对保险公司这样保费收入动辄几十亿的企业来说也是相对较高的。

量平等性的标准，所以应能课税原则不仅以所得税来孤立视察，而是在考察了纳税义务人其他直接税、间接税的负担之后进行综合考察并判断其是否符合量能课税标准，这就避免了仅以平等性进行衡量而导致的，表面平等而实质不等的现象。

（三）投保人所得税的缴纳适用应能课税原则

对于投保人来说，是否缴纳所得税大多发生在缴纳保费的环节。我国现行的个人所得税税法没有明确规定个人缴纳的寿险保费是否可以从应税所得中扣除。但是应能课税原则作为税法原则，应该符合征税的基本要求。租税正义是现代法治国家征税的基石，税法不能看作是政治决定的产物，也不能简单地仅从形式上经过立法程序就进行课征，而应该符合伦理价值和公平正义，看征税是否可以更有效保护人民利益，是否可以增进公共利益。在投保人缴纳保费之前进行所得税征收，虽然符合应能课税原则，但是不能促进保险业的发展，而保险业有着社会管理的功能和防灾防损职能。全球范围内绝大多数国家是允许个人缴纳的寿险保费从应税所得中扣除，鼓励刺激保险业快速稳健发展，从这个角度来看保险业发展带来的社会福利应是远远大于政府对投保人所征收的税收的，所以我国如采取允许个人缴纳的寿险保费从应税所得中扣除，从未来利得中征税仍然不违背应能课税原则。

（四）受益人所得税的缴纳适用应能课税原则

对于寿险保单受益人来说，在获取保险金时存在着是否需要缴纳所得税，在于商业人寿保险业务中分析其获得保险金的目的。

1. 以死亡伤残为给付条件的寿险产品

以死亡伤残为给付条件的寿险产品，其购买目的是防止被保险人死亡而带来的家庭财务稳定性受到破坏，在社会伦理研究中认为生命无价，在保险理论中保险金额是未来可支配财富的资本化，所以以死亡为给付条件的受益人无论获得多少收入都不应认为是财产的增值。根据应能课税原则，税收的征缴不仅需要考虑纳税人的收入还需考虑纳税人的实际负担，以死亡为给付条件的保险金收入并无财产增值也超出了义务人承受范围，所以这部分不应课税。而若是残疾，残疾赔偿金和治疗费用一方面受制于保险的损失补偿原则，当事人无法获得额外收益，另一方面身体残疾对以后生活影响较大，被保险人已是无力负担所得赋税，这也是应能课税原则的具体体现。

2. 以生存为给付保险金条件的寿险产品

以生存为给付条件的保险金如若是以保障性为主，比如用于基本养老的生存给付，则不应征收所得税，因为被保险人的生活负担较重，除获得基本生活养老金外并无能力缴纳所得税，即使征收了所得税，政府依然需要保障其养老、医疗等方面，无形之中造成行政浪费；而以储蓄、投资为主的寿险产品保险金，其购买这些险种的目的在于保值增值，而并非为了保障，处于马斯洛需求的上端，根据应能课税原则，则应对增值部分征收所得税。

（五）商业人寿保险分险种适用应能课税原则

商业人寿保险是以人的生命为保险标的，以人的生存或者死亡为保险事故的保险，由于给付条件清晰，特别是死亡保险事故发生的苛刻条件，这类保险几乎不存在道德风险。如果按照收益是否保证，商业人寿保险可以分为两大类：传统型人寿保险和新型人寿保险。传统型人寿保险有三个基本类别：定期寿险、终身寿险和养老保险。定期寿险提供特定期间的死亡保障，除长期险种外，定期寿险几乎没有现金价值，为非储蓄型险种；终身寿险提供被保险人终身的死亡保障，具有现金价值也就具有储蓄性；养老保险是生存保险的特殊形式，属于典型的储蓄型保险，储蓄性特点突出。新型人寿保险包括变额人寿保险、万能人寿保险和变额万能保险等。与传统型寿险产品相比，新型寿险产品具有很强的投资性，抵御通胀的能力较强。年金保险不提供死亡保障，而是只提供由于被保险人长寿所致的收入保障，虽然是定期寿险的一部分，但是被很多人认为是寿险的变种。[①] 对商业人寿保险所得进行征税，主要的征收对象是在此过程中产生的所得，而商业人寿保险根据其特性不同所得的产生也较不相同，根据以上分析可以将现阶段商业人寿保险产品分为保障型产品、储蓄型产品和投资型产品。保障型产品更触及保险产品的本质，储蓄型产品类似银行储蓄，而投资型的寿险产品则与债券基金等相似，针对其不同特性，分别分析其如何适用应能课税原则。

① 王绪瑾. 保险学（第四版）[M]. 北京：高等教育出版社，2011：302.

133

1. 保障型寿险产品适用应能课税原则

商业人寿保险的保障型产品以定期寿险为代表。定期寿险的特点是几乎没有现金价值，固定期限，到期不发生保险事故，保费并不返还，所以其保费低廉。保障型产品和储蓄型产品并非完全割裂的，在讨论保障型产品适用应能课税原则时对其所同时具备的其他特性暂不考虑，下文中遇到类似情形也如此处理，不再赘述。

商业人寿保险的保障型产品是纯粹提供保障的产品，具有风险的管控作用，从社会利益最大化的角度，对购买保障型寿险产品的投保人应予以免税的优惠，对其所获的保险金也应免税。应能课税原则不仅是按其负担能力来定是否纳税，而且应是在遵循增进社会总体福利等课税基础原则的基础上来量能课税。购买保障型产品的投保人或许有纳税能力，但是对其征税并不能增进社会整体福利。对保险公司而言应对其承保收益收取企业所得税以增加国家税收。在现在保险业回归保障功能的环境下可以对保障型保险产品实行一定的税收优惠，以发挥税收的经济杠杆作用，促进保险市场的科学产品布局和健康发展。

2. 储蓄型寿险产品适用应能课税原则

储蓄型人寿保险具有保险期限长，现金价值大的特点，其储存财富至年老收入降低时使用的特征成为社会保障制度的有力补充。储蓄型人寿保险产品主要有终身寿险、两全保险、年金保险、养老保险等。储蓄型人寿保险期限长，长达几十年甚至终身，积累的资金量，沉淀期长而稳定。比如，终身寿险克服了定期寿险保险期限固定的缺陷，具有一定储蓄型，有现金价值。两全保险是将定期寿险与生存保险相结合，无论被保险人在保险期间内死亡还是生存至保险期限结束，都给付保险金的险种，所以两全保险有较高储蓄性，现金价值大，属于典型的储蓄型保险。

储蓄型保险产品作为一种社会保障制度的补充，而且资金稳定是社会投资的一股重要力量，由此可见储蓄型保险产品对经济的发展、社会的稳定都具有重要的作用。与保障型产品相同，应对投保人和受益人不征收所得税，而对保险公司在此过程中产生的承保收益和投资收益征收所得税，保险公司经营储蓄型保险产品，所得收入来自承保和保险投资，针对我国目前对寿险准备金免税比例过低的现状，考虑到储蓄型寿险的社会功能，应当适度提高准备金的免税比例。储蓄型险种都是今日做明日的准备，年轻时做年老时的准备，我国目前面临的养老问题正是储蓄型保险所解决的课题，鼓励投保人投保可以缓解社会、政府的养老压力，应能课税原则与这一精神是不谋而合的，所以储蓄型保险适用应能课税原则。

3. 投资型寿险产品适用应能课税原则

在寿险产品中，新型产品投资功能比较强，包括投资连结保险、万能人寿保险和分红保险三种。我国新型产品产生的原因在于利率不断下滑，导致的固定收益类寿险产品出现严重利差损的情况下，保险公司为了转移利率风险设计出了这类产品。而另外投保人对不保证利率产品的认可和对投资功能产品的兴趣，使得投保这类产品的客户，通常属于基本保障已满足，需要高回报的客户群体。

投资型寿险产品的保障功能较低，无论是从产品功能定位，还是从投保人的购买动机上判断，购买投资型寿险产品都是一种理财行为。投保人在证券、基金等领域理财都是使用的税后收入，在此也理应对其进行征税。保险公司的收入来源主要来自投资收益，对其投资收益，承保收益也应进行课税。现今，投资性寿险产品是保险公司主要的保费来源，对其进行征税可以有效扩大政府税收收入，以实现对需要补贴的项目的扶持，也体现了税收政策的调节功能。从应能课税原则的角度来看，寿险公司售卖投资型产品是在使用政府所提供的资源如经济引导、经济监督、经济政策、治安等公共服务来为自身谋收益，并未能增进社会的福利；投保人亦是相同，购买投资型寿险产品的目的既然是为了自身财产的增资保值，那么购买投资型寿险产品的投保人和保险公司都有足够的能力负担由此产生的收益所带来的所得税收。综上，投资型寿险产品适用应能课税原则，政府也需要对其按原则进行所得税的征缴。

第八章

完善我国商业人寿保险所得税制度的建议

本章首先讨论了完善寿险所得税制的绩效评价原则,在此基础上,结合目前存在的问题、现实情况、国际经验和行业对比结论,本章在寿险保费的税前扣除、应税所得涉及的保费收入核算和保险给付金课税等所得税制方面,从寿险公司和被保险方两个层面给出了建议。

第一节　确立商业人寿保险所得税制度改革的指导思想

我国商业人寿保险虽存量不大,但发展潜力巨大,设计出适合我国实际情况的寿险所得税制度改革应该在以下几个原则的框架下进行。

一、应对国民经济的总体促进

寿险业具有经济补偿的基本功能和社会管理的衍生功能,是其他金融商业行为不具备的。这就使得优化寿险所得税制,对完善保障体系、推动经济发展、辅助社会管理、促进社会稳定产生巨大的作用。

(一)应有利于商业人寿保险完善经济保障职能

个人和家庭的经济保障职能不仅要靠社会保障,而且以我国目前的经济发展模式和方向判断,商业人寿保险也是经济保障的重要环节,主要体现在分散个人、家庭风险和稳定未来收支两方面。分散个人、家庭风险是寿险作为风险管理的基本职能，通过商业寿险机制完成对家庭的经济保障，再通过单元化的家庭经济安全辐射到整个社会，达到保障国民经济稳定的目的。商业人寿保险与社会保险相辅相成，目标一致，随着现代商业保险制度和社会保障制度的形成和发展，风险分散得到双层次优化。稳定未来收支的作用在于减少家庭、个人的预期收支波动，从而提高家庭的资金使用效率，这一效应扩散到经济中，会增强消费对经济发展的拉动作用。

（二）应有利于商业人寿保险优化经济发展的职能

保险业是金融业三个重要支柱之一，特别是人寿保险，在资金运用上能够发挥重要的媒介作用，可以大量地吸纳稳定资金流沉淀。随着我国经济进入新常态，金融保险服务业在国民经济中的比重和水平将不断提高，人寿保险的发展潜力不容小觑。从未来长期发展趋势看，所得税制改革应有利于保险业的增长在推动经济发展方面起到促进作用。

（三）应有利于商业人寿保险发挥辅助社会管理的职能

137

人寿保险可以在完善社会保障体系方面发挥重要作用，所得税制改革应推动商业人寿保险的正面能量。首先，税制应鼓励寿险企业设计多样化产品，为无法或尚未参加社会保险的人提供保险保障，从而扩大社会保障的覆盖面；其次，通过改革保险税制引导需要多层次保险保障的群体进入保险计划中，最终会反映在社会关系的融洽和良好维护上面来。所得税制改革在这方面应弱化商业保险的"商业"二字，更多地考虑其社会性。

二、应对商业人寿保险市场的总体促进

寿险行业对经济持续发展和促进社会和谐稳定确实具有不可替代的作用，是社会的稳定器和助推器，政府应站在中立和公平的角度考虑对寿险公司、参保企业和个人三方面制定科学的税收政策，保证寿险市场在金融市场中的公平纳税权力与地位。通过第三章的研究，我们可以看出所得税政策对三个保险发达国家的寿险行业发展起到重要的作用，他们的经验和基于本国国情的寿险市场所做的思考可以作为我国寿险所得税制改革的借鉴，利用所得税杠杆撬动市场发展潜力。现代寿险业在我国发展的时间还不长，是一个高成长的朝阳行业，如果在快速发展阶段有着合理的税收政策做指引，寿险的社会性、公益性便会渐渐显现。作为多层次社会保障体系改革的一部分，寿险费率市场化改革、所得税制度的改革可以通过寿险费率市场化改革的传导机制传递到费率中去。因此，寿险所得税制度应以培育人寿保险市场，促进其健康发展为原则。

（一）建立金融行业整体税收公平为首任

资本流入金融市场的目的就是获取利润，而税收公平与否直接关系到利润。税制的公平不仅体现在政策制定者的态度上，还会决定资本在金融市场中的流动方向，金融市场的稳定、繁荣，与科学的税制密不可分。否则资本将从高税行业流向低税行业，或者从课税不易转移行业流向容易转移行业。

（二）以人寿保险市场健康的产品结构为先导

人寿保险市场的繁荣使得人寿保险种类众多，人寿保险产品结构反过来也会影响人寿保险市场。人寿保险所得税制的设计还应考虑到市场健康发展的需要，对有利于市场健康发展的险种（比如：普通投保人不清楚内涵，但对社会保障功能有效发挥起到重要作用的险种等）采取税收利益诱导的方式，以促进人寿保险市场的健康发展。

三、应与我国社会经济发展水平相适应

我国经济发展不平衡，寿险发展地域性也很强，税制改革应充分考虑到地区发展不平衡，考虑到行业发展的不平衡，考虑到资本收益的不平衡，根据我国人寿保险所得税制度中的有失公允的现象，以公平税负的原则为指引，进行人寿保险所得税制度改革，使税制与我国的经济发展水平相适应：一是根据人寿保险特点确定相应的税基，以公平人寿保险企业和其他金融企业的税赋负担，公平人寿保险投保人与其他金融投资者的税赋负担；二是考虑地区经济和收入浮动税率。这需要将全国各省市按经济发展情况分成几类地区，充分调研各地的经济总体情况和社

会保障水平，将收入水平和物价水平等因素作为影响因子，针对寿险购买行为和收益制定浮动的所得税税率。在上述四因素浮动费率制度后，还可进一步完善，实现以家庭单位的综合社会保障单元的税制发展，这将降低边远地区保险企业提供保障的成本，降低中低收入家庭的负担，提高不发达地区家庭的保障能力，从而促进社会分配公平，确保社会的稳定。

四、应符合我国税收政策的原则与目标

我国人寿保险所得税制度改革在财政原则、公平原则、适度原则、法治原则的基础上，应侧重效率原则的实施。目前各地方对所得税规定不一，征收也是各自征收。而人寿保险公司通过各地分公司收取保费，最终将保费汇总到总公司统一使用，提取各种准备金和资金运用都在总公司进行。结合实际情况，从效率原则出发，由总公司所在地的税务机关征收所得税成本更低。

从长远来看，加强人寿保险所得税征管要和金融电子化的发展结合起来，以使税务机关能够适应寿险公司与投保人、被保险人和受益人之间错综复杂的现金流，堵塞税收漏洞，实现对纳税人的有效监管。因此，税务机关可以与寿险公司总公司合作，构建协税护税网络，实现税务部门和各寿险总公司的网络体系在全国范围内的互相联通。

五、应兼容保险监管制度

对保险企业而言，除了需要满足一般会计准则，还需要满足行业监管的监管会计准则（又称为法定会计准则）。监管会计准则主要服务于保险监管部门，主要目的为保护被保险人的保单利益。基于这个目的，监管会计准则的假设条件都比较保守，即按照该条件假设所计提的寿险准备金通常都比按照一般会计准则的更多，以满足保险公司偿付能力的需要，达到保护被保险人利益的目的。它与一般会计准则目的不同，所以在人寿保险准备金的提取假设上存在差异，而这一差异导致了计提准备金的差异，从而带来利润核算上的偏差。尽管利润总额在整个保险期内是一定的，但在各年度表现出来的差异，直接带来所得税征收上的不

同。尽管两者服务的对象不同，编制的目的不完全一样，但从编制出发点来说并无太大矛盾，都是为了寿险企业能够健康或稳健的发展。因此，人寿保险所得税制度的改革应继续保持两者目前的关系，不能采取与监管制度截然相反的假设。

六、应考虑其他国家的保险税收法律制度

因为保险跨国性质比较突出，随着金融一体化、经济全球化趋势的发展，企业自身的组织结构越来越复杂，同一家金融企业的银行、证券机构与保险企业的关联交易也越来越明显，并且跨国境进行业务安排，有的属于正常的风险规避有的有避税甚至违规行为。这不仅是存在于发展中国家的问题，发达国家也有这样的问题。特别是发达国家的保险企业利用不同地区法律的安排，通过关联交易①，通过这种安排来经营谋取不正当的利益。虽然这是保险企业公司治理不完善的表现，但因为这些风险的存在会给潜在的投资者特别是投保人带来很大的风险，也会引发一家保险企业甚至金融企业的风险。各类金融机构发生的破产、倒闭都与类似的做法有关，所以各国监管机构正加强信息交换、充分分析一家保险企业或者金融企业风险所在。正因为如此，各国监管机构正计划搭建统一框架，在统一指标下对保险业进行监管。② 基于以上原因，我国的人寿保险所得税制度改革应考虑相关国家的人寿保险税制，随着我国金融地位的上升，这不但是我国今后进行税务监管、行业监管的需要，也是各个国家的金融监管机构的愿望，在统一的框架下改进寿险所得税制，是未来改革的原则之一。

七、应认清不同类寿险产品的本质

商业人寿保险不同险种所得有不同的性质，要对区分不同险种依据寿险所得的实质而非形式进行课税，才能体现商业人寿保险的实质课税。三种类型各有特色，比如：保障型商业人寿保险是对被保险人而言

---

① 关联交易有的是合法的，有的是不合法的。
② 在巴塞尔协议框架下，我国已于2016年建立了自己的偿付能力二代指标体系并正式实施。

保障程度最高，费率低的保险产品。保险人收取保障型商业人寿产品的纯保费与其给付金额现值相等，保险人行为形式上收取了保险费，但实际上这部分保费会成为保险金给付支付出去，如对这笔保险费征收所得税，势必会对保险人不公。再如：投资连结保险的保障水平较低，同时投资风险均由投保人承担。从法律层面而言保险费的使用权从投保人移转到保险人，表面上接受了投保人的无偿使用，但实际上保险财产的受益权并不属于保险人。面对以上情况，形式上相同的收入和利润，实质上不相同，只能以实质课税原则作为指导原则，在进行课税管理时才不会造成不公。

第二节　完善我国商业人寿保险所得税制度的措施

各国的经验表明，在所有社会经济政策中，税收政策是影响商业人寿保险的最重要的政策变量之一。所得税制度在建立公平有序的寿险市场竞争环境，促进金融保险业的发展，调整金融资本结构，完善社会保障体系方面发挥重要作用。随着我国保险改革不断深化，在社会保障体系中的支柱作用逐渐明显，我国寿险所得税制度急需改革与完善，从而适应行业发展与国民经济发展的需要。

针对以上章节所体现的税制在对寿险公司税前扣除、应征未征等有违税收公平和实质课税原则的问题，以及不符合我国寿险市场实际情况的问题，本节对其提出解决建议。

一、将应征未征的所得纳入应税所得中

（一）对寿险的生存收益部分征收所得税

对个人购买分红保险所获得的分红收益视同股息红利所得，按20%的税率征收个人所得税。因为我国保险市场大多由股份制保险公司组成，不存在投保人作为股东的情况，保险公司不会向投保人支付股利。所以，面临的多数情况是投保人购买分红保险，通过缴纳保费由保

单产生利息收入。这部分收入的征税，分成以下几种情况：如果寿险公司分期向保单持有人支付利息，则视为保单持有人从寿险公司处得到了投资收益，应该分期缴纳20%的个人所得税；① 如果保单红利是在保险合同满期或保险事故发生时支付，对受益人收到的账户价值超过保费支出的部分，则应作为投资收益缴纳20%的个人所得税，但对于账户价值中等于保费支出的部分，则应该按照财产转让缴纳所得税。

对于生存年金产品，虽然现在没有法规明确其收益是否征税，但从实质课税角度来看，由于购买年金保险时并没有税收优惠，投保人是以税后所得支付的保险费，所以不能对其再次征税，否则会造成重复征税。如果投保人通过该年金产品实现了收益，则收益部分应该纳税。同理，投保人以外的受益人领取了年金给付金，则应该按财产转移缴纳所得税。

（二）对于死亡收益部分征收所得税

对死亡收益部分的征税比较敏感，我国对死亡保险赔款的所得管理得也过于宽松。尽管我国税法规定了保险赔款②免征所得税，但按照实质课税原则，则应该分情况征收。在这方面可以参考美国和日本经验，"只要有收入都需报税"的原则，兼顾发挥保险的保险金给付与社会管理的职能，维护社会正常的秩序，国家制定税法时，可以对不超过一定保险金给付时免征所得税。具体措施如下：若被保险人死亡，受益人为投保人时，仅依据税法实质课税原理应对投保人领取保险金与保险费差额的部分缴纳所得税；若被保险人发生保险事故，受益人为投保人以外的第三人，那么依据税法实质课税原则，应就所给付的保险金全额缴纳所得税。这样，就规避了对保险人来说因为期望上是相等，所以对死亡给付是否征税并不会影响到保险人的情况，而且解决了造成被保险人的税收不公（即相当于是没有得到死亡给付的投保方为拿到死亡给付的受益人交纳了所得税）的问题。

---

① 尽管目前对储蓄存款利息已经暂免征收个人所得税，但是不适用于保险公司支付的利息。

② 参见《中华人民共和国个人所得税法》第四条第五项，尽管没有明确保险赔款指的是什么，但是按照法规出台时间早于新型保险产品诞生时间进行合理推断，一般理解是人寿保险产品的赔款，即定期寿险或终身寿险产品的赔款，而不包括以投资为目的的分红型两全险的赔款，即生存收益金部分的赔款。

虽然人的生命在社会良俗中是无价的，而且被保险人的死亡对家庭来说是心理上的打击，但以税法的角度考虑，为了社会的整体发展，更应该坚守税负公平原则与实质课税原则。在我国还可以采取将保险给付金与被保险人未来净收入资本化的方式进行比较，如果前者大于后者，则受益人应该对超出部分缴纳所得税。

（三）对投资型险种开征所得税

虽然目前银行存款利息和股票收益都不用缴纳个人所得税，但是目前的不用缴纳并不能说明不应交纳。投资型保险的三个险种的目的就是让资金丰裕的投资者为了获得投资回报而开发的险种，其保险保障的分量很小，无论从开办目的和购买目的都非常符合税收开征条件，征税完全符合税法精神。

（四）通过遗产税配合抑制寿险投机

遗产税征收的主要目的在于调节贫富差距，对各国财政收入贡献较少、对多数家庭支出的替代效应也较小。因此，遗产税制征收条件与政府财政和国民经济状况关系不大。应用到寿险领域，主要是防止富裕家庭或个人通过投资巨额寿险或年金保险来转移财产，规避投资收益缴纳所得税的行为，对寿险市场的促进方面体现在可以抑制寿险公司无节制地开发所谓的避税型寿险。

未来开征遗产税将是大势所趋，但还需一个过程去完善配套制度。届时，若允许身故给付金免除计税，将大大促进以身故为保险责任的人寿保险发展。即使人寿保险不具有避税功能，由于身故保险给付金有利于遗产税的支付，该险种也将得到显著刺激。

二、运用实质课税原则分险种课税

可以借鉴日本的做法，对寿险的保障型产品、储蓄型和投资型产品规定不同的税基。

（一）调整保障型寿险产品的营业税基以减少对所得税的影响

保险人收取投保人的保险费构成了保险基金，按照精算原理最终将给付给受益人，其期望支出等于收取保险费之和，收取的保费实质上并非寿险公司的营业收入。只有当精算假设与实际情况产生误差，保险人在给付全部保险金之后，依然有盈余，才是保险人实质所得，对此盈余进行征税，才能体现实质课税原则。

另外，应剔除掉对附加保费中的业务费用、佣金支出、营业费用等费用项的征税。保障型商业人寿保险的附加保费由利润和业务费用等各种费用组成，其中利润为保险人的实质所得，其他都属于保险人的形式所得，只有剔除掉各项费用的附加保费才是真正的营业收入，通过分析保费构成，合理调整税基才能使课税科学、客观、有效。通过行业对比和数据测算，的确发现保障型寿险的税基大大高于银行业，切实有效的做法只有通过科学确定保障型寿险的营业收入，从而通过调整税基达到实质性课税要求。

（二）继续贯彻对储蓄型寿险和投资型寿险免征增值税以使所得税税基科学化

保险公司经营储蓄型商业人寿保险看似保费收入很庞大，但实际上在未来某一不确定的时间发生给付是必然的。从财务上看，保险人收取的储蓄型商业人寿保险保费大部分都成为准备金，以应对未来必然的给付。从形式而言，保险人获得保险费并未支付相应的对价，相当于获得了投保人的无偿赠与，对这部分的所得应该予以课税。然而，实质上保险人对保费并无完全的所有权，只具有管理的权力，最终还是要连本带利将保费返还给受益人。因此，从实质课税原则出发，应该继续贯彻储蓄型商业人寿保险费免征增值税的规定。

同理，以投资连结保险和万能寿险为代表的投资型寿险的保费收入更类似于基金收入，形式上被称为保费收入，而实质上是交由保险人管理的投资基金，所有权从未发生转移，保险人对账户的管理而征收的管理费才是真正的营业收入。目前，对投资型险种的保费收入免征增值税是实质性课税的真实体现。

（三）分险种厘算所得税税基

本书第六章通过解析不同险种的运作模式，得出了各险种所得税税基的基础公式，证明技术上是可行的，税制设计者只需要根据税收监管需要，对佣金及手续费、初始费用率、红利支出比例、防预费率等其中参数做出设定，就可以达到征收目的，解决目前所存在的不公问题。

三、采取保持中性的所得税政策

除了对寿险产品在内的所有金融产品采取统一的计算方法和统一税率外，关键还应该针对生存收益中的保单红利、账户价值增值实行统一的征税办法，需要考虑到寿险产品与类似金融产品的收益，制定合理的所得税制，以使得金融产品购买者在判断时不会因税制的影响而产生偏差，即在金融产品选择上保持中性。不仅包括在银行、证券和保险业实行中性的政策，以保证资本在这三个行业内的稳定流动，而且还包括在寿险的三个险种类别中实行中性的政策，以保证投保人在投保时是完全根据保险需求来决定，而无须考虑税收方面的原因。具体措施包括：

第一，设计行业所得税制之前，需考虑银行、证券和保险业的税负平衡，在税率相同的情况下，考虑税基大小。

第二，借鉴英美的做法，在三个险种的税前扣除或税收优惠政策制定前，考虑三个险种相互之间的平衡。对被保险方来说，享受了税前扣除或购买免税就不能享受领取保险金时享受免除所得税的待遇，同理，享受了给付时免税的优惠就不能在购买时享受税前扣除。对保险人来说，1 年以上返还型寿险附加保费的利润部分没有被征收增值税和所得税，在年底利润核算时就必须缴纳。

四、进一步明确投保人的税前扣除

市场经济的发展过程中使得个人和家庭经济保障问题逐渐暴露，风险需要由整个社会保障机制来化解，合理的所得税税前扣除政策，可以有效引导人们的风险转移导向。

（一）个人投保人

1. 允许符合条件的人寿保险产品的保险费可以在个人所得税前限额扣除

目前，我国不允许商业寿险保费在税前扣除，随之而来的就是保险给付金也不征收所得税，通过论证我们知道，虽然达到了避免双重征税的目的，但并不细致合理，离税法原则相距甚远。所以，应该在我国个人所得税的分类所得税扣除项目中增加个人投保人寿保险产品的保费支出的扣除，而对具体扣除项目可以分寿险产品险种而有所区分，总的原则是：对于个人购买的定期寿险、终生寿险产品的保险费和两全保险承保死亡风险的那部分保险费可以税前扣除，但是对两全保险生存部分的保险费禁止税前扣除。

2. 在寿险保费的税前扣除细节方面的建议

按照个人所得税制进行税前扣除以目前的信息技术完全是可以处理的，实行投保人工资账户与税务部门连接，税务部门可以很方便地查阅投保人收入、保费支出和抵扣情况，达到以税前收入购买人寿保险的目的。这极大地规避了投保人依靠雇主、单位投保才能享受到的税收优惠，极大地调动了保险的社会需求。

（二）机构投保人

对于雇主为雇员所提供的人寿保险，分为两种情况：

第一，为维护社会公平和防止恶意避税，投资型险种不应享受税前扣除。

应保持《中华人民共和国企业所得税法实施条例》第三十六条的现有规定，对企业为员工购买人寿保险产品，[①] 但不包括两全保险和分红型保险等投资型险种进行税前扣除。

第二，对《中华人民共和国企业所得税法实施条例》第三十五条进行扩充，第三十五条规定"企业为投资者或者职工支付的补充养老保险费、补充医疗保险费，在国务院财政、税务主管部门规定的范围和标准内，准予扣除"。按照文件精神和寿险产品原理，除了文件中提到的补充养老保险、补充医疗保险具有养老等稳定企业和社会稳定的功能之外，储蓄型险种中的生存保险和两全保险也可以拓展进第三十五条来，除了与年金保险在给付时间上有不同外，其产品实质是相同的。一方面，可以通过产品久期进行调整，以防止出现集中套取扣税额的情况；另一方面，也可以通过递延缴税的方式，在领取时缴纳所得

---

① 主要指的是保障型寿险产品，如定期寿险等。

税，以彻底规避上述风险。

第三，可允许企业为员工购买的包括生存和储蓄性质的人寿保险产品的保险费全额在企业所得税前扣除，但在领取保险金时必须对增值部分缴纳所得税，有利于在当前建立多层次社会保障体系的过程中发挥各级企业的能动作用。但是同时还应该严格限制企业为员工投保这类险种的相对和绝对数量，以防止企业以投保寿险为名，利用税收扣除，滥发福利，扰乱分配制度。

（三）细化寿险企业的税前扣除

在目前基础上，提高手续费及佣金扣除的比例，从现有的18%，提高到人身保险公司以保费收入扣除退保金后的余额的20%为限额，保持与银保监会的一致；和银行一致，应该将呆账准备纳入扣除项中。

五、对寿险产品施行延迟纳税

延迟纳税通常在购买年金保险时使用，投保当时可在税前扣除，但在年金领取时需对账户投资收益或到期支付时的资本增值纳税。延迟纳税并不是新生事物，作为政府推动多层次养老保障体系发展的政策，已经在其他国家施行多年，并不断修正。在我国实行延迟纳税应该与税前扣除、分险种分情况的给付金免税结合三个政策结合起来使用，以发挥其最大效用。

从保险发达国家经验来看，对养老保险产品的延迟纳税政策并不是一个单独的政策安排，而是一系列养老保障体系结构化改革方案的组成部分。一般还包括降低政府基本养老金替代率、多支柱之间转换政策等。从欧洲经验来看，多支柱养老改革体系的结构优化会经历10年以上的历程，而我国"未富先老"的特殊国情将进一步加大改革难度，延长改革时间。因此，我国的延迟纳税应该将税收政策与商业人寿保险、其他养老保障体系综合进行考虑，推出配套的改革方案。否则，推出的延迟纳税优惠政策一方面会加重政府负担，另一方面也起不到刺激私人养老计划的效果。

延迟纳税实施的目的既然是推进养老体系的多层次发展，就应该接受商业性养老保险的发展，就不能局限在某一个险种、某一种形式上，甚至可以将部分存在银行中具有养老性质储蓄转化为商业养老保险进行沉淀。所针对的险种不一定非得是年金保险，可以扩展到生存保险等具有鲜明的养老储蓄性质的产品，只要是具有养老性质的险种都可以给予延迟纳税的政策，以便于个人购买者根据自身需要灵活选择。在发展到一定程度的时候还可引进西方国家投资型养老保险产品递延纳税的经验，实行商业险的独立账户资金运用（DC 模式），独立账户中资金的收益和损失都由被保险人享有或承担，采取允许投保人的保费支出列为所得扣除项，投资收益产生时不征税，延迟到老年领取保险金时再根据收益情况缴纳所得税。通过延税的方式和延税的力度，用政策之手来指导市场的养老产品的发展。

目前的寿险技术已非常成熟，利用延迟纳税大量规避所得税的交纳在技术上完全能够避免，上述对延税产品范围的扩展，不会对延税政策带来风险。

六、细化寿险企业所得税制度

（一）扣除项方面

在企业所得税细则上，应多调研，结合我国商业人寿保险市场发展的实际情况，确定科学的扣除项和扣除比例。在扣除项方面，考虑到寿险公司的基本职能是管理风险，通过分散风险达到社会管理的衍生职能，那么就不应该让寿险公司从税后利润中提取总准备金来抵御突发灾害事故带来的损失，而是应该本着鼓励寿险企业经营好本职业务以促进社会稳定的精神，在寿险准备金内涵中，应该将总准备金纳入其中，作为所得税税前扣除项。同理，在扣除比例上，针对我国寿险市场处于快速发展阶段需要手续费佣金比美英日等保险发达国家高的现实情况，提高寿险手续费和佣金的扣除比例，以方便寿险公司能够把费用进行合理分摊；提高对未决赔款准备金的认识，将其分为已发生已报案、已发生未报案和未发生未报案未决赔款准备金三种情况分别对待，对于后者由于误差较大、不容易监管的原因可以不予扣除（类似于日本），但对于已发生已报案和已发生未报案未决赔款准备金，其未决的原因是基于核赔程序，给付金额已经相对确定，根据需要 3 年以上给付数据才能准确计提未决赔款准备金的精算原理，应该更加精确地在税法规定中明确扣除项为"对已发生已报案未决赔款准备金的提取比例限制在不超过近3年发生的平均保险给付金的100%"和"对已发生未报案未决赔款准备金限制在近3年实际赔款支出平均额的8%"。

（二）区分公司规模设计税制

我国现有90家寿险公司，其中，规模较小的区域性寿险公司有12家，这些小型公司的业务范围主要集中在人寿保险、健康保险、意外伤害保险等各类人身保险业务，发展迅速。小型寿险公司会配合当地政府、企业，为促进当地经济发展提供特殊险种。经济补偿基本功能尤其突出，表现在当地一些洪水、地震等灾害发生后，及时的寿险赔付在灾后重建，稳定家庭财务和恢复正常生活秩序方面发挥了重要作用。在这方面，可以借鉴美日的经验，对不同规模的寿险公司采取不同的所得税制度，以差异化的税率或者差异化的税前扣除来体现，例如对资产规模小于10亿元的寿险公司采用10%的所得税率，并且在扣除项上考虑小型的寿险公司容易发生风险积累效应，允许其提取更多的准备金并在税前扣除等。特别是针对我国经济地区发展不平衡的现状，对中西部经济不发达地区的小型人寿保险公司采取明显的所得税优惠，通过寿险税制的设计调节不同地区的居民和企业收入差距，使得立足于不发达地区的寿险企业可以与地方经济共同发展，加快所在地区经济发展的步伐，实现互利共赢。

七、对养老险种实施税收优惠以吻合人口发展态势

我国现在正步入老龄化社会，人口老龄化问题已经开始凸显，虽然我国人民大部分具有储蓄习惯，但寿险在应对老龄化社会问题方面比单一的银行储蓄有效得多。可以借鉴日本经验，对涉及养老的寿险险种，例如购买时储蓄型险种和年金保险可以在税前收入中支付保险费，而对于年金保险这类养老特征明显的寿险，还可以进一步明确征税上下限，即对未来收益超过规定的部分征收所得税，而对未超过部分实施免税的优惠以鼓励现在尚有工作能力的人合理安排收入。

八、扩大对寿险所得税制度的宣传教育

保险行业可以通过加大宣传、培训和教育方式影响各级人大和人大代表们，使他们真正了解寿险行业的特殊性，寿险经营的特殊性和寿险税收的特殊性，从而替代寿险从业者发出专业的声音来。

加强对税务机关的教育培训，制订科学的人寿保险培训计划。针对人寿保险的业务特殊性差别化培训、个性化教学，采取贴近实际的方式，分层次、分类别地组织涉及保险业务的税务干部培训教育，做到针对不同的层次对象、落实不同的培训方法和施教内容。从以前的单一途径财务培训向多种渠道开放式的转变。只有保险理论知识增强了，平时的税务执法才能做到切合实际。

加强与保险监督机构的沟通，交换监管目标，交流实时动态，以便于促使税务机关降低工作成本，提高工作效率。

建议税务机关放弃对保险公司的政策制定权，保留执法权。将政策制定权交给财政部统一行使，各地有特殊情况的，交由各地财政厅来制定政策。两权分离，有助于财政部门客观公正地执行政策，也有利于税务机关高效率的执行。

附录:

保单定价利率2.5%时非养老金保费计算后台数据表（男）

$$d_x = l_x - l_{x+1}, \quad C_x = v^{x+1}d_x, \quad D_x = v^x l_x, \quad M_x = \sum_{k=0}^{105-x} C_{x+k}, \quad v = (1+i)^{-1}, \quad \text{其中} i = 2.5\%$$

年龄	死亡率	l_x	d_x	C_x	M_x	D_x
0	0.000867	1000000	867	584.86	160364.67	974763.90
1	0.000615	999133	614	412.61	159779.81	950404.31
2	0.000445	998519	444	306.53	159367.20	926811.11
3	0.000339	998074	338	246.92	159060.67	903899.43
4	0.00028	997736	279	215.89	158813.75	881606.19
5	0.000251	997456	250	198.82	158597.87	859887.71
6	0.000237	997206	236	190.65	158399.04	838716.02
7	0.000233	996970	232	189.95	158208.39	818068.87
8	0.000238	996737	237	194.62	158018.44	797926.02
9	0.00025	996500	249	204.25	157823.82	778269.80
10	0.000269	996251	268	216.99	157619.57	759083.36
11	0.000293	995983	292	230.41	157402.59	740352.14
12	0.000319	995691	318	244.45	157172.18	722064.36
13	0.000347	995374	345	257.64	156927.73	704208.59
14	0.000375	995028	373	269.35	156670.09	686775.13
15	0.000402	994655	400	279.01	156400.74	669755.17

年龄	死亡率	l_x	d_x	C_x	M_x	D_x
16	0.000427	994255	425	286.11	156121.73	653140.67
17	0.000449	993831	446	291.43	155835.63	636924.30
18	0.000469	993385	466	296.31	155544.19	621098.13
19	0.000489	992919	486	300.17	155247.88	605653.09
20	0.000508	992433	504	303.65	154947.72	590580.89
21	0.000527	991929	523	307.32	154644.07	575872.83
22	0.000547	991406	542	311.16	154336.75	561519.84
23	0.000568	990864	563	315.69	154025.59	547513.07
24	0.000591	990301	585	320.31	153709.90	533843.40
25	0.000615	989716	609	327.03	153389.59	520502.52
26	0.000644	989107	637	334.19	153062.57	507480.31
27	0.000675	988470	667	343.20	152728.37	494768.55
28	0.000711	987803	702	353.42	152385.17	482357.82
29	0.000751	987101	741	365.64	152031.76	470239.58
30	0.000797	986359	786	378.80	151666.12	458404.69
31	0.000847	985573	835	393.66	151287.32	446845.28
32	0.000903	984738	889	410.48	150893.66	435552.96
33	0.000966	983849	950	428.66	150483.18	424519.23
34	0.001035	982899	1017	448.45	150054.51	413736.45
35	0.001111	981881	1091	470.46	149606.06	403196.86
36	0.001196	980791	1173	494.47	149135.60	392892.33
37	0.00129	979618	1264	521.00	148641.13	382815.12
38	0.001395	978354	1365	551.25	148120.13	372957.17
39	0.001515	976989	1480	585.19	147568.88	363309.40
40	0.001651	975509	1611	622.80	146983.69	353863.00
41	0.001804	973898	1757	665.01	146360.89	344609.40
42	0.001978	972141	1923	711.34	145695.88	335539.28
43	0.002173	970219	2108	762.59	144984.53	326644.05

附录：保单定价利率2.5%时非养老金保费计算后台数据表（男）

年龄	死亡率	l_x	d_x	C_x	M_x	D_x
44	0.002393	968110	2317	818.51	144221.94	317914.53
45	0.002639	965794	2549	879.13	143403.43	309342.00
46	0.002913	963245	2806	943.27	142524.29	300917.94
47	0.003213	960439	3086	1010.09	141581.02	292635.21
48	0.003538	957353	3387	1078.00	140570.93	284487.68
49	0.003884	953966	3705	1146.07	139492.93	276470.95
50	0.004249	950261	4038	1213.99	138346.86	268581.68
51	0.004633	946223	4384	1280.42	137132.87	260816.92
52	0.005032	941839	4739	1344.92	135852.45	253175.11
53	0.005445	937100	5103	1406.59	134507.53	245655.20
54	0.005869	931997	5470	1464.87	133100.95	238257.02
55	0.006302	926527	5839	1520.42	131636.07	230981.00
56	0.006747	920688	6212	1578.14	130115.66	223826.90
57	0.007227	914477	6609	1643.37	128537.51	216789.56
58	0.00777	907868	7054	1720.43	126894.14	209858.64
59	0.008403	900814	7570	1814.50	125173.71	203019.71
60	0.009161	893244	8183	1927.11	123359.21	196253.50
61	0.010065	885061	8908	2057.94	121432.10	189539.72
62	0.011129	876153	9751	2205.01	119374.16	182858.86
63	0.01236	866402	10709	2367.19	117169.15	176193.88
64	0.013771	855693	11784	2543.60	114801.96	169529.28
65	0.015379	843910	12978	2734.62	112258.36	162850.82
66	0.017212	830931	14302	2940.69	109523.74	156144.23
67	0.019304	816629	15764	3161.49	106583.05	149395.14
68	0.021691	800865	17372	3395.86	103421.55	142589.86
69	0.024411	783493	19126	3640.50	100025.69	135716.20
70	0.027495	764368	21016	3889.98	96385.18	128765.54
71	0.030965	743351	23018	4136.85	92495.21	121734.94

153

年龄	死亡率	l_x	d_x	C_x	M_x	D_x
72	0.034832	720333	25091	4373.23	88358.36	114628.95
73	0.039105	695243	27187	4591.53	83985.12	107459.89
74	0.043796	668055	29258	4784.59	79393.60	100247.39
75	0.048921	638797	31251	4946.37	74609.01	93017.74
76	0.054506	607547	33115	5071.65	69662.65	85802.65
77	0.060586	574432	34803	5155.75	64591.00	78638.25
78	0.067202	539629	36264	5194.53	59435.24	71564.49
79	0.0744	503365	37450	5183.83	54240.71	64624.48
80	0.08222	465915	38307	584.86	160364.67	974763.90

参 考 文 献

一、中文文献

A. 连续出版物

［1］白晓峰．国外商业健康保险税法制度及启示［J］．涉外税务，2013（6）：47-51．

［2］蔡莉莉，黄斌．发达国家与新兴市场人寿保险税收政策之比较［J］．统计与决策，2005（12）：101-103．

［3］陈娟．关于完善我国税收立法体制的思考［J］．法学研究，2010（26）：129-130．

［4］邓大飞．营改增对人寿保险公司财务管理流程的影响及应对［J］．企业改革与管理，2015（20）：147-148．

［5］甘功仁．我国税收立法现状评析［J］．税务研究，2003（1）．

［6］甘功仁．论纳税人的税收使用监督权［J］．税务研究，2004（1）．

［7］甘功仁．加强信用担保立法促进信用担保业健康发展［J］．中国金融，2006（1）．

［8］甘功仁．我国增值税法的改革［J］．法学家，2004（10）．

［9］甘功仁，白彦，丁亮华．"债转股"预期目标实现质疑［J］．中国法学，2001（12）．

［10］郝琳琳．信托所得课税规则研究［J］．中央财经大学学报，2011（7）：11-15．

［11］郝琳琳．信托所得课税困境及其应对［J］．法学论坛，2011，

26（5）：150－155.

　　[12] 黄董良. 所得税会计准则的国际比较 [J]. 商业经济与管理，2006（6）：69－74.

　　[13] 韩雪. 我国寿险市场发展中存在的问题及其对策 [J]. 学术交流，2013（4）.

　　[14] 李金华. 我国保险企业所得税问题分析 [J]. 当代经济管理，2008（9）：93－97.

　　[15] 李敏. 个人所得税制度改革国际比较与启示 [J]. 河南机电高等专科学校学报，2011（4）：47－48，108.

　　[16] 刘初旺. 人寿保险税收政策的国际比较及对我国启示 [J]. 中国城市经济，2009（11）：75－82.

　　[17] 刘继虎. 论信托财产移转行为的税法规制 [J]. 经济法论丛，2012（1）：15.

　　[18] 刘剑文，王文婷. 实质课税原则与商业创新模式 [J]. 扬州大学税务学院学报，2011（2）：9－14.

　　[19] 刘剑文，李刚. 税收法律关系新论 [J]. 法学研究，1999（4）.

　　[20] 刘磊. 论资本弱化税制 [J]. 涉外税务，2005（10）：8－13.

　　[21] 吕庆元. 营改增对财产保险公司的影响及对策 [J]. 中州大学学报，2015（2）：19－22.

　　[22] 马海萍. 金融保险业企业所得税管理思考 [J]. 青岛金融，2004（12）.

　　[23] 马安静. 浅论税收立法权限的划分 [J]. 铜陵学院学报，2005（3）.

　　[24] 宁威. 我国现行营业税制对定期人寿保险价格的影响 [J]. 价格理论与实践，2015（4）：95－97.

　　[25] 盛和泰. 基于不同性质业务的我国保险业增值税制度设计研究 [J]. 保险研究，2014（10）：64－70.

　　[26] 宋炳霞，张咏梅. 保险业"营改增"方案探讨与税率测算 [J]. 财会通讯，2016（4）：84－87＋4.

　　[27] 宋兴义. 日本税制：现状、挑战和改革趋势 [J]. 现代日本经济，2009（3）：10－15.

［28］孙莉. 我国商业银行企业所得税税负分析——兼议新会计准则对银行企业所得税改革的影响［J］. 当代财经, 2007（12）: 45 - 49.

［29］孙蓉, 杨馥. 我国寿险消费者的税负探究［J］. 中国保险, 2008（4）: 36 - 39.

［30］王寒. 浅析我国人身保险的税收制度［J］. 保险职业学院学报, 2008（3）: 29 - 32.

［31］吴伟, 沈明智. 商业银行所得税会计初探［J］. 新金融, 2004（5）: 20 - 22.

［32］吴祥佑. 地下保单泛滥的成因与对策［J］. 华东经济管理, 2005, 19（8）: 151 - 154.

［33］吴金光. 人寿保单个人所得税课税制度的国际比较［J］. 涉外税务, 2005（3）: 56 - 60.

［34］许敏敏. 团体保险税收政策的国际借鉴及启示［J］. 会计之友（上旬刊）, 2007（11）: 87 - 88.

［35］许志军. 新精算规定下的万能险公平价值问题分析［J］. 商业研究, 2008（12）: 64 - 66.

［36］徐晓棠, 黄芳, 钟炜. 我国保险公司税收制度的完善［J］. 武汉金融, 2002（2）: 26 - 29.

［37］赵丽君. 税收政策对人寿保险发展的影响［J］. 合作经济与科技, 2006（1）: 62 - 63.

［38］张卓奇. 保险公司会计［M］. 上海: 上海财经大学出版社, 2001（1）: 281.

［39］张建军, 刘璐. 保险公司所得税税制国际比较研究［J］. 上海保险, 2003（12）: 45 - 47.

［40］张玉棉, 刘广献. 日本税制—社会保障"一体化改革"最新研究［J］. 日本问题研究, 2013（1）: 30 - 34.

［41］周宇. 社会医疗保险法规制定的若干问题思考［J］. 中国卫生资源, 2009（5）: 210 - 212.

［42］周玉坤. 我国保险业发展与税收制度支持［J］. 吉林财税高等专科学校学报, 2006（4）: 26 - 27.

［43］朱兴华. 中国保险税收政策研究［J］. 商业文化（学术版）, 2007（8）: 220.

B. 专著

[44] 卞耀武. 税收征收管理法概论 [M]. 北京：人民法院出版社，2002 年.

[45] 北野弘久著，陈刚等译. 税法学原论 [M]. 北京：中国检察出版社，2001.

[46] 甘功仁. 纳税人权利专论 [M]. 北京：中国广播电视出版社，2003.

[47] 葛克昌. 税法基本原理——财政立法篇 [M]. 中国台湾台北：元照出版公司，2005：157 - 175.

[48] 葛克昌. 税法基本问题 [M]. 北京：北京大学出版社，2004.

[49] 国家税务总局编企业所得税管理操作指南（2010 年版）——银行业 [M]. 北京：中国税务出版社，2010：148 - 149，291，120.

[50] 黄茂荣. 税法总论 [M]. 中国台湾台北：植根法学丛书编辑室，2002.

[51] 韩晓晨，夏建雄等. 国家税收 [M]. 北京：经济科学出版社，2013.

[52] 郝琳琳. 信托所得课税法律问题研究 [M]. 北京：法律出版社，2011.

[53] 海林. 企业税收风险应对 [M]. 北京：中国农业科学技术出版社，2013.

[54] 金子宏著，刘多田等译. 日本税法原理 [M]. 北京：中国财政经济出版社，2009.

[55] 李景平. 国家税收 [M]. 西安：西安交通大学出版社，2010.

[56] 刘佐. 中国税制概览 [M]. 北京：经济科学出版社，2012.

[57] 李步云. 法理学 [M]. 北京：经济科学出版社，2000.

[58] 刘剑文. 财税法学 [M]. 北京：高等教育出版社，2004.

[59] 刘剑文. 财税法专题研究 [M]. 北京：北京大学出版社，2007.

[60] 刘磊. 税收控制论 [M]. 北京：中国财政经济出版社，1999.

[61] 刘剑文. 税法专题研究 [M]. 北京：北京大学出版社，2002.

[62] 李九龙. 西方税收思想 [M]. 大连：东北财经大学出版社，1992.

[63] 孙翊刚. 中国赋税史（第二版）[M]. 北京：中国财政经济出版社，1996.

[64] 王绪瑾. 保险学（第五版）[M]. 北京：高等教育出版社，2017.

[65] 王乔，席卫群. 比较税制 [M]. 上海：复旦大学出版社，2013.

[66] 徐晔，袁莉莉等. 中国个人所得税制度 [M]. 上海：复旦大学出版社，2010.

[67] 许善达等. 中国税权研究 [M]. 北京：中国税务出版社，2003.

[68] 许建国. 中国税法原理 [M]. 武汉：武汉大学出版社，1995.

[69] 杨志银，柯艺高. 中国证券市场税收问题研究 [M]. 北京：科学出版社，2013.

[70] 杨锐，李堃编译. 美国国内收入法典 [M]. 北京：中国法制出版社，2010.

[71] 张守文. 税法原理 [M]. 北京：北京大学出版社，2019.

[72] 张馨. 公共财政论纲 [M]. 北京：经济科学出版社，1999.

[73] 詹姆斯. M. 布坎南. 自由、市场和国家 [M]. 北京：北京经济学院出版社，1988.

[74] 周刚志. 论公共财政与宪政国家 [M]. 北京：北京大学出版社，2005.

[75] 朱铭来. 保险税收制度经济学分析 [M]. 北京：经济科学出版社，2008.

C. 学位论文

[76] 刘少华. 商业保险行业税收政策分析与改革研究 [D]. 南昌：南昌大学，2007：21，28.

[77] 姚婷婷. 我国寿险公司税收制度研究 [D]. 成都：西南财经大学，2010.

[78] 王东勇. 论我国税收立法权限体制的完善 [D]. 长春：吉林大学，2004.

[79] 黄凌. 税收保障制度体系的构建 [D]. 长春：吉林大学，2004.

[80] 汪燕. 我国保险税收法律制度研究 [D]. 长春：长春工业大

学，2011.

[81] 王远芳. 我国房地产税收法律制度研究 [D]. 北京：首都经济贸易大学，2006.

[82] 闫肃. 中国金融业税收政策研究 [D]. 北京：财政部财政科学研究所，2012.

[83] 韦芪洁. 中外保险企业税收制度比较研究 [D]. 成都：西南财经大学，2009.

[84] 虞雯洁. 论我国人寿保险税收政策的完善 [D]. 成都：西南财经大学，2009.

[85] 丁飞. 日本税制优化分析 [D]. 沈阳：东北师范大学，2009.

[86] 杨旭. 日本税制改革研究 [D]. 长春：吉林大学，2008.

[87] 熊梦倩. 我国人寿保险税收制度的改革与完善 [D]. 成都：西南财经大学，2011.

[88] 徐晓棠. 我国保险公司税收制度完善发展探析 [D]. 成都：西南财经大学，2002.

[89] 张苗. 我国人寿保险税收政策研究 [D]. 北京：中央财经大学，2008.

[90] 陈红兰. 我国保险税收法律制度研究 [D]. 合肥：安徽大学，2007：10.

[91] 房晓明. 中国人寿保险税收问题研究 [D]. 大连：东北财经大学，2005：15.

[92] 汤晓梅：我国人寿保险税收制度法律问题探讨 [D]. 成都：西南政法大学，2008：24.

[93] 黄斌. 人寿保险税收政策研究 [D]. 武汉：武汉大学，2004：43.

[94] 李盼. 随机收益率模型下投连险最低保证给付的风险研究 [D]. 长沙：湖南大学，2006.

[95] 李昭. 我国银行业税收政策研究 [D]. 大连：东北财经大学，2012.

[96] 钟婷. 我国银行税制改革研究 [D]. 长沙：湖南大学，2005.

［97］宫春河.实质课税原则之法律理论研究［D］.长春:吉林大学,2005.

［98］李佩纯.台湾信托课税之法律问题研究［D］.上海:华东政法学院,2006.

［99］刘继虎.信托所得课税的法理与制度研究［D］.长沙:中南大学,2012.

［100］李雄英.论实质课税原则在信托税法中的运用［D］.长沙:中南大学法学院,2007.

D. 报告

［101］普华永道.《2007年保险课税国际比较》［R］.普华永道会计师事务所,2007.

E. 报纸文章

［102］董琳.国内外商业养老保险税收政策的比较［N］.中国保险报,2011-11-11002.

［103］乔磊.美国如何征个人所得税［N］.理财周刊,2011-3-16.

二、相关法律法规规定

［1］1950年《工商业税暂行条例》.

［2］1980年《中华人民共和国中外合资经营企业所得税法》.

［3］1984年《国营企业所得税条例(草案)》.

［4］1991年《中华人民共和国和外商投资企业和外国企业所得税法》.

［5］1993年《金融保险企业财务制度》.

［6］1994年《企业所得税暂行条例》.

［7］2007年《中华人民共和国企业所得税法》.

［8］国〔1997〕5号《关于调整金融、保险业税收政策有关问题的通知》.

［9］国税发〔1999〕213号《加强金融保险企业呆账坏账损失税前扣除管理问题的通知》.

［10］财金〔2001〕127号《金融企业呆账准备提取及呆账核销管理办法》.

[11] 财金〔2005〕49号《金融企业呆账准备提取管理办法》.

[12] 财税〔2012〕5号《金融企业贷款损失准备金企业所得税税前扣除政策的通知》.

[13] 2011年《中华人民共和国个人所得税法》.

[14] 2007年《中华人民共和国企业所得税法》.

[15] 2007年《中华人民共和国企业所得税法实施条例》.

[16] 国家税务总局令4号《金融企业呆账损失税前扣除管理办法》.

[17] 财税〔2003〕205号《关于保险企业代理手续费支出税前扣除问题的通知》.

[18] 国税发〔2000〕84号《企业所得税税前扣除办法》.

[19] 财税〔2012〕45号《关于保险公司准备金支出企业所得税税前扣除有关政策问题的通知》.

[20] 财税〔2001〕9号《关于补充养老保险费、补充医疗保险费有关企业所得税政策问题的通知》.

[21] 国发〔1998〕44号《关于建立城镇职工基本医疗保险制度的决定》.

[22] 财金〔2008〕12号《财政部关于进一步加强金融企业财务管理若干问题的通知》.

[23] 财税〔2009〕29号《财政部、国家税务总局关于企业手续费及佣金支出税前扣除政策的通知》.

[24] 财税〔2009〕27号《关于补充养老保险费、补充医疗保险费有关企业所得税政策问题的通知》.

[25] 财税〔2013〕103号《财政部、人力资源社会保障部、国家税务总局关于企业年金、职业年金个人所得税有关问题的通知》.

[26] 国税函发〔1998〕618号《国家税务总局关于金融、保险企业向灾区捐赠所得税前扣除问题的通知》.

[27] 国税发〔1999〕169号《国家税务总局关于保险企业所得税若干问题的通知》.

[28] 国税发〔1999〕213号《关于加强金融保险企业呆账坏账损失税前扣除管理问题的通知》.

[29] 财税〔2003〕205号《财政部、国家税务总局关于保险企业代理手续费支出税前扣除问题的通知》.

［30］财税〔2005〕136 号《财政部、国家税务总局关于保险公司缴纳保险保障基金所得税税前扣除问题的通知》.

［31］财税〔2006〕58 号《财政部、国家税务总局关于核定中国平安财产保险股份有限公司和中国平安人寿保险股份有限公司计税工资税前扣除标准有关问题的通知》.

［32］财税〔2001〕118 号《财政部、国家税务总局关于人寿保险业务免征营业税若干问题的通知》.

［33］国税发〔2001〕13 号《国家税务总局关于汇总（合并）纳税企业实行统一计算、分级管理、就地预缴、集中清算所得税问题的通知》.

［34］国税函〔2006〕48 号《国家税务总局关于规范汇总合并缴纳企业所得税范围的通知》.

［35］国税发〔2005〕200 号《企业所得税汇算清缴管理办法》.

［36］国税函〔2003〕400 号《国家税务总局关于中国太平洋人寿保险股份有限公司缴纳企业所得税问题的通知》.

［37］国税函〔2005〕430 号《国家税务总局关于中国人寿保险股份有限公司缴纳企业所得税问题的通知》.

［38］国税函〔2003〕932 号《国家税务总局关于太平人寿保险有限公司缴纳企业所得税问题的通知》.

［39］国税函〔2004〕第 1231 号《国家税务总局关于新华人寿保险股份有限公司缴纳企业所得税问题的通知》.

［40］国税函〔2002〕511 号《国家税务总局关于泰康人寿保险股份有限公司缴纳企业所得税问题的通知》.

［41］国税函〔2006〕796 号《关于加强一年期以上返还性人身保险业务营业税征收管理工作的通知》.

［42］国税发〔2002〕8 号《国家税务总局关于所得税收入分享体制改革后税收征管范围的通知》.

［43］国发〔2001〕37 号《国务院关于印发所得税收入分享改革方案的通知》.

三、外文文献

［1］Richard M. Ballard, Paul E. M. Davison. UK Branch report, International Fiscal Association 2002 Oslo Congress, Volume LXXXVIIa form and Substance in Tax Law. 2002.

［2］Frederik Zimmer. General Report, International Fiscal Association 2002 Oslo Congress, Volume LXXXVIIa Form and substance in tax law. 2002.

［3］Daniel Garabedian. Belgium Branch report, International Fiscal Association 2002 Oslo Congress, Volume LXXXVIIa Form and substance in tax law. 2002.

［4］Richard M. Ballard, Paul E. M. Davison. UK Branch report, International Fiscal Association 2002 Oslo Congress, Volume LXXXVIIa form and Substance in Tax Law. 2002.

［5］Frederik Zimmer. General Report, International Fiscal Association 2002 Oslo Congress, Volume LXXXVIIa form and Substance in Tax Law. 2002.

［6］Victor Thuronyi. Comparative Tax Law.

［7］Frederik Zimmer. General Report, International Fiscal Association 2002 Oslo Congress, Volume LXXXVIIa Form and substance in tax law. 2002.

［8］CIR v. Fleming & Co. (Machinery) Ltd. 33 TC 57.

［9］Roberto Cordeiro Guerra, Pietro Mastellone. The Judicial Creation of a General Anti – Avoidance Rule Rooted in the Constitution. European Taxation. 2009.

［10］Ning Wei. Research on Exemption from Income Tax of Auto TPL Compulsory Insurance. 2011 China International Conference On Insurance And Risk Management, 2011: 270.

［11］Ning Wei. Empirical analysis of the term life insurance's business tax base——Based on the comparison to the bank's business tax ［J］. Proceedings of 2012 China internationnal Conference on Insurance and Risk Management，2012.

　　[12] Income tax – the basics. http：//www. hmrc. gov. uk/incometax/
basics. htm. 2014 – 3 – 19.

　　[13] Corporation tax rate. http：//www. hmrc. gov. uk/rates/corp.
htm. 2014 – 3 – 19.

　　[14] Repeal tax exemption for certain insurance companies. http：//
www. treasury. gov/resource – center/tax – policy/Documents/tres84v2C12D.
pdf.

　　[15] Treasury and IRS Issue Final Regulations for Split – Dollar Life
Insurance Arrangements. http：//www. treasury. gov/press – center/press –
releases/Pages/js726. aspx.

　　[16] Annual report on the insurance industry. 2013 （6）. http：//
www. treasury. gov/initiatives/fio/reports – and – notices/Documents/FIO%
20Annual% 20Report% 202013. pdf.